O Melhor de Roberto Carlos

VOLUME I

Melodias e letras cifradas para
guitarra, violão e teclados

Coordenação de Luciano Alves

Nº Cat. -252-A

Irmãos Vitale S/A Indústria e Comércio
www.vitale.com.br
Rua França Pinto, 42 Vila Mariana São Paulo SP
CEP: 04016-000 Tel: 11 5081 9499 Fax: 5574 7388

© Copyright 1997 by Irmãos Vitale S.A. Ind. e Com. – São Paulo – Brasil.
Todos os direitos autorais reservados para todos os países. *All rights reserved*.

Dados Internacionais de Catalogação na Publicação (CIP)
(Câmara Brasileira do Livro, SP, Brasil)

Carlos, Roberto, 1943-
　　O Melhor de Roberto Carlos, Volume I : melodias e letras cifradas para guitarra, violão e teclados / coordenação de Luciano Alves. – São Paulo : Irmãos Vitale

ISBN: 85-7407-011-4
ISBN: 978-85-7407-011-7

1. Guitarra – Música　2. Teclado – Música
3. Violão – Música　I. Alves, Luciano.　II. Título.

98-0116　　　　　　　　　　　　　　　　　　CDD-786. 787.87

Índices para catálogo sistemático:

1. Guitarra: Melodias e cifras : Música　　787-87
2. Teclado: Melodias e cifras : Música　　786
3. Violão: Melodias e cifras : Música　　787-87

IMPRESSO EM OUTUBRO/2012

Créditos

Produção geral e editoração de partituras
Luciano Alves

Assistentes de editoração musical
Patricia Regadas e Rogério Gomes

Transcrições das músicas
Guilherme Maia, Alessandro Valente e Rogério Gomes

Revisão musical
Claudio Hodnik

Capa
Olive & Ristow

Ilustração
Claudio Duarte

Produção gráfica
Marcia Fialho

Gerência artística
Luis Paulo Assunção

Produção executiva
Fernando Vitale

Índice

Prefácio	5
Introdução	7

Eu te darei o céu	9	Ciúme de você	71
Como é grande o meu amor por você	12	Esqueça	74
Meu pequeno Cachoeiro	14	Detalhes	77
Ana	16	O taxista	82
Eu sou terrível	20	Outra vez	85
Jesus Cristo	22	Desabafo	88
Vista a roupa meu bem	25	Não vou ficar	91
Minha senhora	28	Querem acabar comigo	94
De que vale tudo isso	31	Verde e amarelo	96
Pra você	34	Eu quero apenas	100
Só vou gostar de quem gosta de mim	36	Amigo não chore por ela	103
Folhas de outono	38	Mulher de 40	106
E por isso eu estou aqui	40	Sua estupidez	108
Proposta	42	À distância	111
Café da manhã	45	Cama e mesa	114
Nossa canção	48	Amante à moda antiga	118
Você deixou alguém a esperar	50	Cheirosa	121
Aquele beijo que te dei	52	Abandono	124
Quando	55	Coisa bonita (Gordinha)	126
Os seus botões	58	Pega ladrão	129
A montanha	62	Mexerico da Candinha	132
Como vai você	66	Escreva uma carta meu amor	135
É meu, é meu, é meu	68		

Prefácio

Apenas um Rei

Em qualquer lugar do mundo Roberto Carlos seria mais que um rei. Não de todo um povo, como aqui, mas de milhões de súditos muito especiais que, acreditando na força e no encanto de uma canção de amor, fazem de quem as canta um soberano para além da vida.

É preciso explicar melhor. Roberto Carlos, mesmo considerando os iêiêiês dos primeiros tempos, as experiências ecológicas, os vôos nas asas da religiosidade ("Jesus Cristo, eu estou aqui..."), é antes de tudo um cantor romântico. Poucos, em qualquer idioma, interpretam com tanta empatia e justeza as coisas simples do amor, o dia a dia dos amantes, o lirismo sem rebuscamento dos enamorados de sempre. É o melhor Roberto Carlos. Rei de um povo, aqui, mas certamente mais que um rei onde quer que o entendam.

Mas por que não é mais que um rei também no Brasil? Atrevo-me a uma afirmativa que talvez me venha custar patrióticos puxões de orelha: nós, brasileiros, não somos gente muito romântica. Ou melhor, é possível que o sejamos, só que tímida, interior, velada, secretamente. Digamos que somos românticos enrustidos, quase sem jeito, encabulados, com vergonha mesmo de declararmos nossa paixão a todo instante. Como se fosse feio, piegas, brega, ridículo, dizer "eu te amo" em público. Torcemos o nariz aos boleros mexicanos, aos tangos argentinos, às lindas canções francesas e italianas, às melhores baladas americanas, sempre que elas nos falam de dramas e tragédias amorosas. Ou por não gostarmos, mesmo, ou por as acharmos pouco sofisticadas, nada modernas, fora de moda. No entanto, os de lá adoram. Agustin Lara, Gardel, Piaf, Modugno, Sinatra, são todos eternos. Roberto Carlos também, embora nem sempre o reconheçamos.

É verdade que o mundo inteiro se tornou menos romântico na segunda metade do século. E a própria música – reflexo sonoro de todas as coisas – se fez menos melódica, menos poética, menos apaixonada em toda a parte. Sinal dos tempos, sem dúvida. Do *rock* ao *rap*, novos gêneros vieram para refletir dias mais turbulentos, mais cínicos, mais marcados pela violência e pelo desamor. Ódios de vários matizes viraram mote de novas canções. Insultos, rajadas de metralhadoras, bombas explodindo, escatologia, viva às drogas, tudo isso está hoje em letra de música. Mas, o amor, onde fica nessa história? Certamente no peito daqueles súditos especiais que o soberano eterno conquista com sua voz e suas cantigas. Pois, graças aos céus, ainda há quem acredite nelas.

Na noite em que recebeu o Prêmio Sharp de 1997, Roberto Carlos apontou na platéia um cantor-compositor que, para surpresa de muitos, tinha sido uma de suas mais fortes influências: Tito Madi. Isso mesmo, o Tito Madi de voz envolvente, de timbre delicado e sincero, de músicas que não tinham o menor constrangimento de serem derramadamente românticas, apaixonadas. Mas um Tito Madi injustamente esquecido no país dos durões, dos que não sentem saudade, dos que não choram por amor, dos corações de pedra, da *intelligentzia* que acha inculto, de mau gosto, abrir o coração.

É pena que Roberto Carlos seja **apenas** um rei entre nós. Deveria ser mais. As canções deste álbum – sobretudo as mais tipicamente suas, as que ele canta como se para nós, ou por nós, românticos – são jóias que em sua voz mereciam muito mais que um trono.

João Máximo

Introdução

Esta publicação apresenta, em dois volumes, diversos sucessos de Roberto Carlos, selecionados e transcritos para a pauta, na forma em que tornaram-se conhecidos na voz do cantor. Além do repertório que incluí a extensa parceria com Erasmo Carlos, acrescentei músicas de diversos outros autores que alcançaram expressivo êxito na interpretação de Roberto. Assim, este livro reúne e registra uma parte significativa da carreira musical do artista, como intérprete e como compositor.

Além das melodias cifradas, com as letras alinhadas em baixo, incluí, também, as letras cifradas com acordes para violão, o que torna a publicação mais abrangente, tanto quanto facilita consideravelmente a compreensão e a tarefa de "tirar" a música.

O registro das letras, melodias e cifras reflete com máxima precisão as gravações originais dos CDs. Em algumas músicas, porém, como "Detalhes", "Os seus botões", "Desabafo" e "Sua estupidez", entre outras, a divisão rítmica da melodia foi escrita de forma simplificada, a fim de tornar a leitura mais acessível. Nas canções e baladas posteriores à era iê-iê-iê, Roberto Carlos não se prende a uma interpretação rígida e repetitiva; ao contrário, ela se singulariza pela amplitude de variações rítmicas da melodia - recurso que enriquece expressivamente a própria composição.

Para a notação musical, adotei os seguintes critérios:

A cifragem é descritiva, ou seja, exibe a raiz do acorde e suas dissonâncias.

Quando há um ritornelo e a melodia da volta é diferente da primeira vez, as figuras aparecem ligeiramente menores e com hastes para baixo. Neste caso, a segunda letra é alinhada com as notas para baixo, como demonstra o exemplo a seguir:

1ª vez: A vi-da é a mi_____-_____ ga da ar____-____ te_____
2ª vez: E a coi - sa mais cer_____-_____ ta de to- das as coi- sas_____

Se um instrumento solista avança por um compasso onde há voz, as melodias são escritas com hastes opostas, sem redução de tamanho.

Nas letras cifradas, as cifras dos acordes estão aplicadas nos locais exatos onde devem ser percutidas ou cambiadas, como mostra o próximo exemplo. Esta forma é mais conveniente para aqueles que já conhecem a melodia ou para os que não lêem notas na pauta.

   AM7   *C#7*
Amanhã de manhã vou pedir o café pra nós dois
 F#m   *A7* *A7(4) A7 G/B A/C#*
Te fazer um carinho e depois te envolver em meus braços

Nos diagramas de acordes para violão, a ligadura corresponde à pestana; o "x", acima de uma corda, indica que a mesma não pode ser tocada; e o pequeno círculo corresponde à corda solta. Alguns diagramas possuem ligadura e "x". Neste caso, toca-se com pestana mas omite-se a corda com "x". As cordas a serem percutidas recebem bola preta ou pequeno círculo.

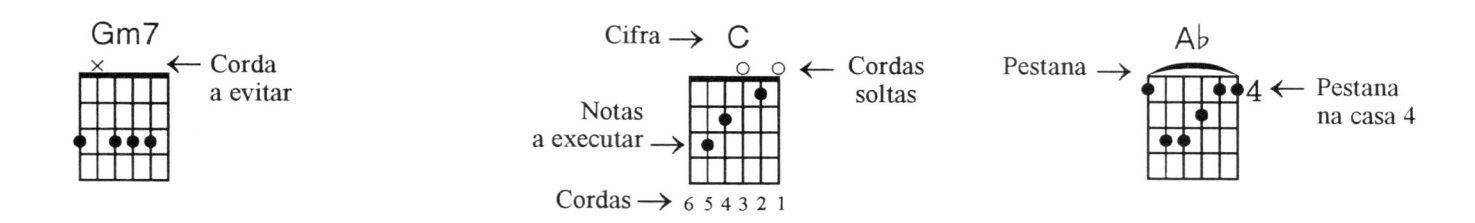

Optei, genericamente, pela utilização de posições de violão consideradas de fácil execução. No entanto, determinadas músicas que possuem baixos caminhantes ou sequências harmônicas de características marcantes exigem acordes um pouco mais difíceis, o que proporciona, em contrapartida, maior fidelidade em relação ao arranjo original da música.

Algumas músicas de subdivisão ternária são escritas em binária, na forma de *bebop* (♫ = ♩♪). Esta convenção indica que embora a melodia esteja escrita em pares de colcheias, deve-se manter a pulsação de tercinas.

Em alguns casos, músicas gravadas originalmente em tonalidades consideradas de difícil leitura e execução para o músico iniciante, tais como D♭ e F♯, foram transpostas um semitom abaixo ou acima, para facilitar.

Luciano Alves

Eu te darei o céu

ROBERTO CARLOS e
ERASMO CARLOS

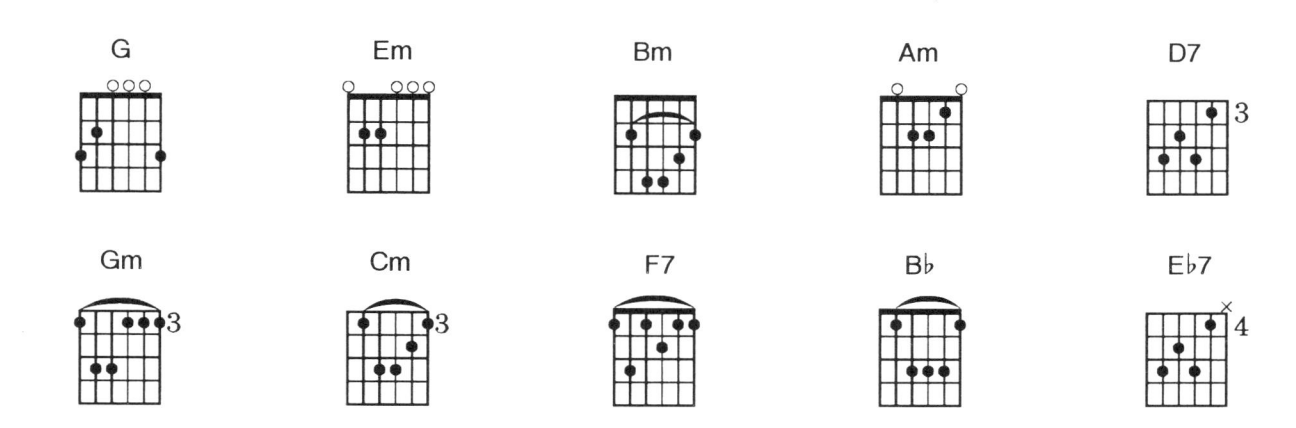

[Chord diagrams: G, Em, Bm, Am, D7, Gm, Cm, F7, Bb, Eb7]

Introdução: **G Em G Em**

REFRÃO:

G   **Bm**
Eu te darei o céu   meu bem

  Am   **D7**
E o meu amor também

G   **Bm**
Eu te darei o céu   meu bem

  Am   **Em G Em G**
E o meu amor também

Em   **G Em**   **G**
Quanto tempo eu vivi   a procurar

Em   **G Em**   **G**
Por você meu bem   até lhe encontrar

   Bm   **Am D7**
Mas se você pensar em me deixar

    G   **Bm**   **Am D7**
Farei o impossí__vel pra ficar   até

Refrão: Eu te darei o céu meu bem *(etc.)*

Em   **G Em**   **G**
Você pode até   gostar de outro rapaz

Em   **G Em**   **G**
Que lhe dê amor   carinho e muito mais

   Bm   **Am D7**
Porém mais do que eu ninguém vai dar

    G   **Bm**   **Am   D7**
Até o infini__to eu vou buscar   e então

Refrão: Eu te darei *(etc.)*

Gm   **Cm**   **Gm**
Toda a minha vi__da eu já te dei

          Cm   **Gm**
E agora já não sei

Cm   **F7**   **Bb**
O que vou fazer   se te perder

         Eb7 D7
Eu morrerei

Refrão: Eu te darei *(etc.)*

Introdução

Solo de órgão: **G Em G Em**
                 G Em G

Refrão: Eu te darei *(etc.)*

Toda minha vida *(etc.)*

Refrão: Eu te darei *(etc.) fade out*

Eu te darei o céu

ROBERTO CARLOS e
ERASMO CARLOS

♩ = 148

Intro *Guitarra*

Eu te da - rei o__ céu__ meu__ bem__ E o meu a - mor tam - bém__

Eu te da - rei o__ céu__ meu__ bem__ E o meu a - mor tam - bém__

Quan - to tem - po eu__
Vo - cê po - de_a - té__

vi - vi a pro - cu - rar__ Por vo - cê meu bem
gos - tar de_ou - tro ra - paz__ Que lhe dê a - mor__

a - té lhe en - con - trar__ Mas se vo - cê pen - sar__
ca - ri - nho_e mui - to mais__ Po - rém mais do que eu__

em me dei - xar__ Fa - rei o im - pos - sí -
nin - guém vai dar__ A - té o in - fi -

©Copyright 1968 by EMI SONGS DO BRASIL EDIÇÕES MUSICAIS LTDA.
Todos os direitos autorais reservados para todos os países. All rights reserved.

Bm Am D7
Ao 𝄋
Ao 𝄋 e 𝄌
-vel pra fi - car e a - té
-to eu vou bus - car e en - tão
𝄌
Gm Cm Gm Cm
To - da a mi - nha vi - da eu já te de - i
E a - go - ra já não se-
Gm Cm F7
i
O que vou fa - zer se te per - der
B♭ E♭7 D7 G
Eu mor - re - re - i
Eu te da - rei o céu
Bm Am D7
meu bem E o meu a - mor tam - bém
G Bm Am Em
Guitarra
Eu te da - rei o céu meu bem E o meu a - mor tam - bém
Fade out
N.C.
G Em G Em G Em
Solo de órgão
G
Guitarra
N.C.
Ao 𝄋 e 𝄌 com Fade out

Como é grande o meu amor por você

ROBERTO CARLOS

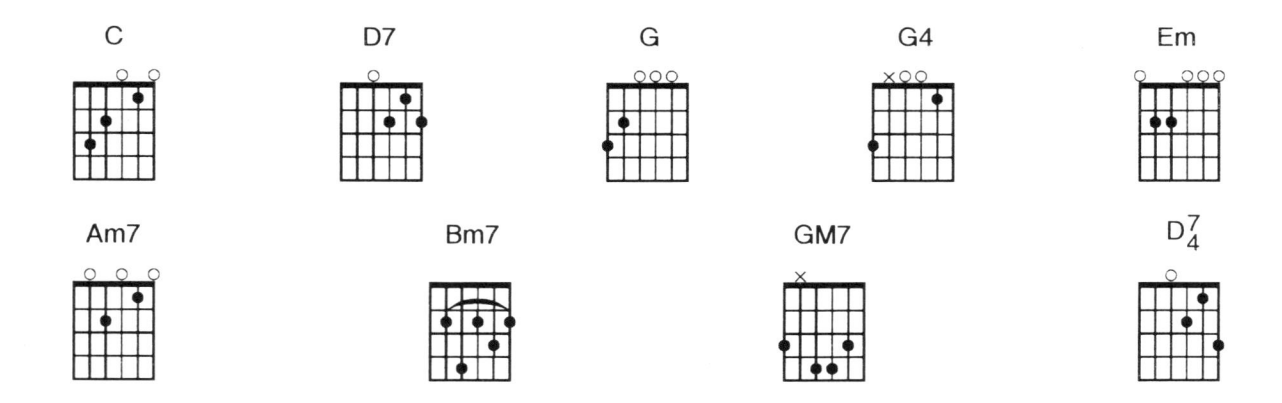

[Chord diagrams: C, D7, G, G4, Em, Am7, Bm7, GM7, D7/4]

Introdução: **C D7 G G4 Em**

      Am7   **D7**
Eu tenho tanto pra lhe falar
     GM7   **Bm7**
Mas com palavras não sei dizer
    Am7   **D7**   **GM7**
Como é grande o meu amor por você

      Am7   **D7**
E não há nada pra comparar
  GM7   **Bm7**
Para poder lhe explicar
    Am7   **D7**   **G**
Como é grande o meu amor por você

      Am7   **D7**
Nem mesmo o céu nem as estrelas
    GM7   **Em**
Nem mesmo o mar e o infinito
    Am7   **D7**
Não é maior que o meu amor
  GM7
Nem mais bonito

    Am7   **D7**
Me desespero a procurar
  GM7   **Em**
Alguma forma de lhe falar
    A7   **D7 D4 7 D7**
Como é grande o meu amor por você

    Am7   **D7**
Nunca se esqueça nenhum segundo
  GM7   **Em**
Que eu tenho o amor maior do mundo
    Am7   **D7**   **G**
Como é grande o meu amor por você

♩ = 90
Intro
Órgão
C D7 G G4 Em
Voz
Am7
Eu te- nho tan- to pra lhe fa-
D7 GM7 Bm7 Am7 D7 GM7
-lar Mas com pa - la- vras não sei di - zer Co- mo‿é gran- de o meu a - mor por vo - cê
Am7 D7 GM7 Bm7
E não há na- da pra com- pa - rar Pa- ra po - der__ lhe ex- pli - car Co- mo‿é
Am7 D7 G Am7 D7
gran- de o meu a - mor por vo - cê Nem mes- mo‿o céu nem as es - tre- las Nem mes- mo‿o-
GM7 Em Am7 D7 GM7
mar e‿o in- fi - ni- to Não é mai - or que‿o meu a - mor Nem mais bo - ni- to
Am7 D7 GM7 Em A7
Me de- ses - pe- ro a pro- cu - rar Al- gu- ma for- ma de lhe fa - lar Co- mo‿é gran- se o meu a-
D7 D7/4 D7 Am7 D7
3
-mor por vo - cê Nun- ca se‿es - que- ça ne- nhum se - gun- do Que‿eu te- nho‿o‿a-
GM7 Bm Am7 D7 G
-mor__ mai- or do mun- do Co- mo‿é gran- de o meu a - mor por vo - cê

Meu pequeno Cachoeiro

RAUL SAMPAIO

[Chord diagrams: D, F#m, Fm, Em, A7]

```
   D     F#m Fm Em
Eu passo a vida recordando
  A7             D
De tudo quanto aí deixei
           F#m Fm Em
Cachoeiro, Cachoeiro
        A7
Vim ao Rio de Janeiro
           D
Pra voltar e não voltei
             F#m Fm Em
Mas te confesso na saudade
  A7              D
As dores que arranjei pra mim
              F#m Fm Em
Pois todo o pranto destas mágoas
         A7
Inda irei juntar às águas
           D
Do teu Itapemirim
```

```
      F#m Fm Em A7
    Meu pequeno Cachoeiro
                   D
    Vivo só pensando em ti
           F#m Fm Em
BIS Ai que saudade dessas terras
              A7
    Entre as serras
                    D
    Doce terra onde eu nasci
```

```
          F#m    Fm   Em
Recordo a casa onde eu morava
 A7            D
O muro alto o laranjal
          F#m  Fm  Em
Meu flamboyant na primavera
             A7
Que bonito que ele era
              D
Dando sombra no quintal
          F#m  Fm  Em
A minha escola a minha rua
```

```
 A7                    D
Os meus primeiros madrigais
         F#m Fm  Em
Ai como o pensamento voa
              A7
Ao lembrar a terra boa
                    D
Coisas que não voltam mais

Meu pequeno Cachoeiro (etc.)
```

Instrumental: D F#m Fm Em A7
              D F#m Fm Em A7 D

FALANDO: Sabe meu Cachoeiro, eu trouxe muita coisa de você. E todas essas coisas me fizeram saber crescer. E hoje eu me lembro de você. Me lembro e me sinto criança outra vez.

FINAL: Coisas que não voltam mais D G Em D

♩ = 82

[Sheet music notation]

Eu pas-so a vi-da re-cor-dan-do   De tu-do quan-to a-í dei-xei
Ca-cho-ei-ro Ca-cho-ei-ro   Vim ao Ri-o de Ja-nei-ro   Pra vol-tar e não vol-tei
Mas te con-fes-so na sau-da-de   As do-res que ar-ran-jei pra mim   Pois to-do o pran-to des-sas

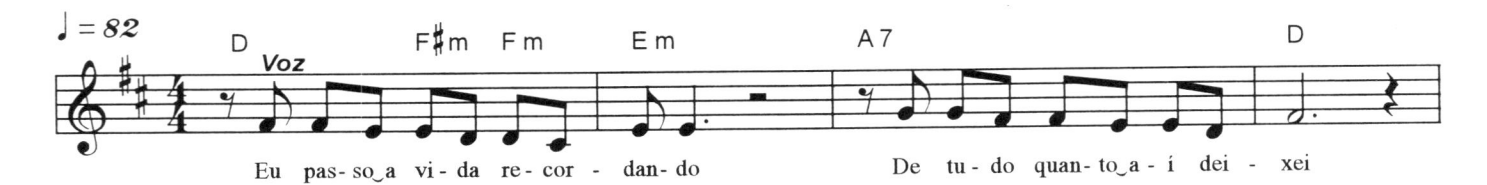

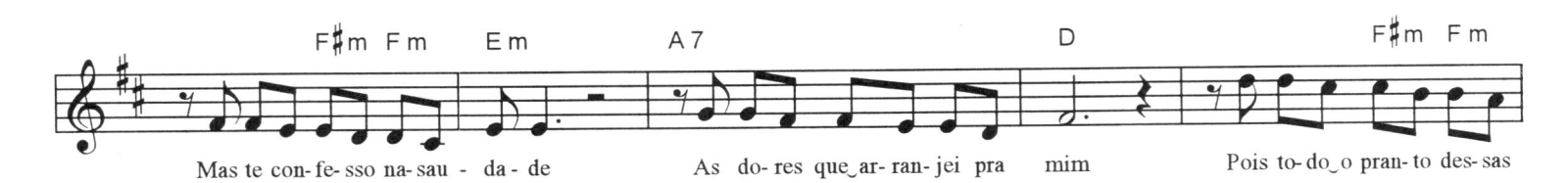

©Copyright by EDIÇÕES EUTERPE LTDA.
Todos os direitos autorais reservados para todos os países. All rights reserved.

má-goas In-da_i-rei jun-tar às á-guas Do teu I-ta-pe-mi-rim Meu pe-que-no Ca-cho-
-ei-ro Vi-vo só pen-san-do_em ti Ai que sau-da-de des-sas ter-ras En-tre_as ser-ras___
Do-ce ter-ra_on-de_eu nas-ci Do-ce ter-ra_on-de_eu nas-ci Re-cor-do_a ca-sa_on-de_eu mo-
-ra-va O mu-ro al-to_o la-ran-jal Meu flam-boy-an na pri-ma-
-ve-ra Que bo-ni-to que_e-le e-ra Dan-do som-bra no quin-tal A mi-nha_es-co-la_a mi-nha
ru-a Os meus pri-mei-ros ma-dri-gais Ai co-mo_o pen-sa-men-to vo-a Ao lem-brar a ter-ra
bo-a Coi-sas que não vol-tam mais

Falando: Sabe meu Cachoeiro, eu trouxe muita coisa de você. E todas essas coisas me fizeram saber crescer. E hoje eu me lembro de você. Me lembro e me sinto criança outra vez.

Meu pe-que-no Ca-cho-

Ana

ROBERTO CARLOS e
ERASMO CARLOS

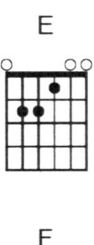

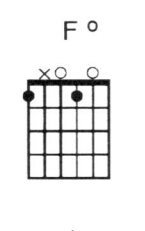

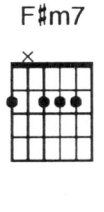

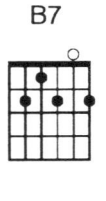

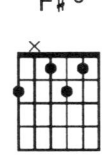

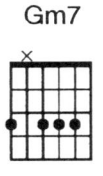

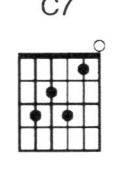

[Chord diagrams: E, F°, F#m7, B7, A, F, F#°, Gm7, C7, B♭]

Introdução: E F° F#m7 B7 F#m7 B7 E E F°

    F#m7   B7   F#m7 B7
Todo tempo que eu vivi
E   E F°
Procurando meu caminho
F#m7   B7   F#m7 B7
Só cheguei à conclusão
E
Que não vou achar sozinho

REFRÃO:
     F#m7 B7 F#m7 B7 E
Oh, oh, Ana,   Ana,   Ana
             F#m7 B7
Oh, oh, oh, oh, Ana
F#m7   B7   E A E E F°
Que saudade de você

F#m7   B7   F#m B7
Toda esta vida erra__da
E   E F°
Que eu vivo até agora
F#m7   B7   F#m7 B7
Começou naquele di____a
E
Quando você foi embora

Refrão

F#m7   B7   F#m7 B7
Ana eu me lembro com saudade
       E
Do nosso tempo nosso amor nossa alegria
  F#m7   B7   F#m7 B7
Agora eu só te vejo nos meus sonhos
       E   E F°
E quando acordo minha vida é tão vazia

Refrão

Instrumental: F#m7 B7 F#m7 B7 E E F°
               F#m7 B7 F#m7 B7 E
               A E F F#°

(Modulação)
Gm7   C7   Gm7   C7
Toda esta vida erra___da
F   F F#°
Que eu vivo até agora
Gm7   C7   Gm7   C7
Começou naquele di___a
F   F F#°
Quando você foi embora

     Gm7 C7 Gm7 C7 F
Oh, oh, Ana,   Ana,   Ana
     F F#° Gm7   C7
Oh, oh, oh, oh, Ana
Gm7   C7   F B♭ F F F#°
Que saudade de você

Ana, ana (etc.)   *(fade out)*

♩ = 124
Intro
E F° F♯m7 B7 E E E F° F♯m7 B7
Voz
To - do o tem - po que eu vi - vi
E E F° F♯m7 B7
Pro - cu - ran - do meu ca - mi - nho Só che - guei à con - clu - são
E F♯m7 B7 E
Que não vou a - char so - zin - nho Oh oh A - na A - na A - na
E F♯m7 B7 E A E E F°
Oh oh oh oh A - na Que sau - da - de de vo - cê
F♯m7 B7 E E E F°
To - da es - sa vi - da er - ra - da Que eu vi - vo a - té a - go - ra
F♯m7 B7 E
Co - me - çou na - que - le di - a Quan - do vo - cê foi em - bo -
F♯m7 B7 E
- ra Oh oh A - na A - na A - na

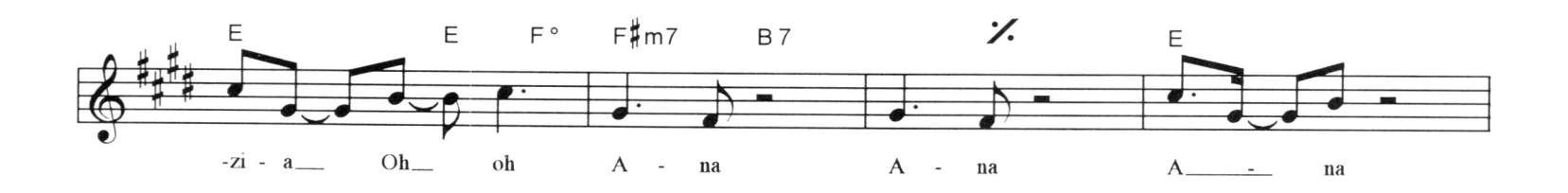

Oh oh oh oh A-na Que saudade de você

A-na eu me lembro com saudade Do nosso tempo nosso amor nossa ale-

-gri-a Agora eu só te vejo nos meus sonhos E quando acordo minha vida é tão va-

-zi-a Oh oh A-na A-na A-na

Oh oh oh oh A-na Que saudade de você

Instrumental

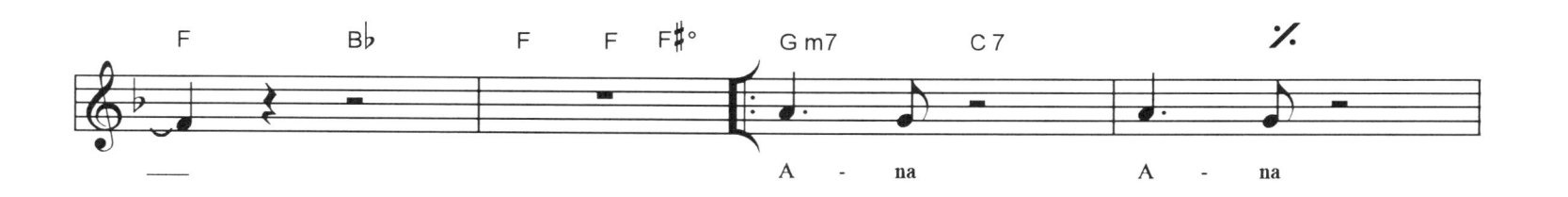

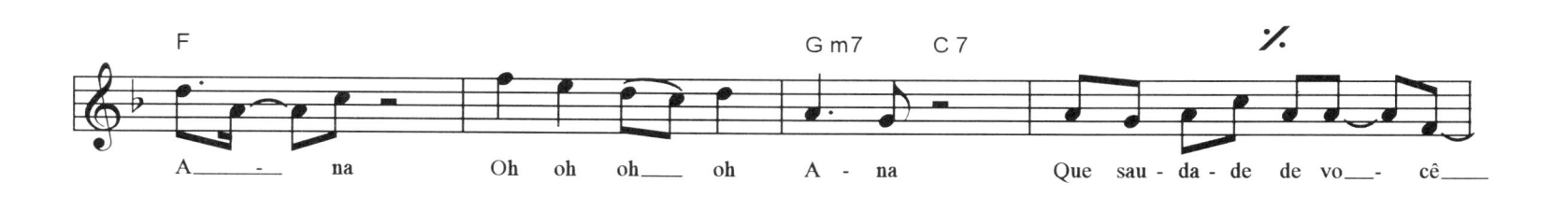

(Modulação)

Gm7 C7	𝄎	F	F F#° Gm7 C7

To- da es- sa vi- da_er- ra___- da___ Que eu vi- vo_a- té a- go___- ra Co- me- çou na- que- le di___

𝄎	F	F F F#° Gm7 C7

___-a Quan- do vo- cê foi em - bo___- ra___ Oh___ oh A- na

𝄎	F	F F F#° Gm7 C7	𝄎

A - na A___- na Oh oh oh___ oh A- na Que sau- da- de de vo___- cê___

F	Bb	F F F#°	Gm7 C7	𝄎

A - na A - na

F		Gm7 C7	𝄎

A___- na Oh oh oh___ oh A- na Que sau- da- de de vo___- cê___

F	Bb	F F F#° Gm7 C7	𝄎	F

A - na A - na A___- na

F F F#° Gm7 C7	𝄎	F Bb F F F#°

Oh oh oh___ oh A- na Que sau- da- de de vo___- cê___ ***Fade out***

Eu sou terrível

ROBERTO CARLOS e
ERASMO CARLOS

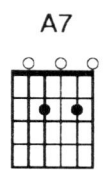

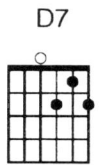

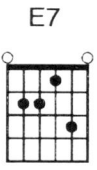

A7   D7   E7

Introdução: **A7**

     A7
Eu sou terrí__vel e é bom parar

De desse jeito me provocar

      D7
Você não sa__be de onde eu venho

O que eu sou e o que tenho

     A7
Eu sou terrí__vel vou lhe dizer

Que ponho mesmo pra derreter

 E7   **D7**
Estou com a razão no que di_go

 E7   **D7**
Não tenho medo nem do peri_go

 E7   **D7**
Minha caranga é máquina quen_te

     A7
Eu sou terrí__vel e é bom parar

Porque agora vou decolar

     D7
Não é preci__so nem avião

Eu vôo mesmo aqui no chão

     A7
Eu sou terrí__vel vou lhe contar

Não vai ser mole me acompanhar

 E7   **D7**
Garota que andar do meu la_do

 E7   **D7**
Vai ver que eu ando mesmo apressa_do

 E7   **D7**
Minha caranga é máquina quen_te

    A7   **E7**
Eu sou terrí__vel eu sou terrível

Instrumental: **A7 D7 A7 E7 D7 A7 E7**

Eu sou terrível e é bom parar *(etc.)*

♩ = 180

©Copyright by EDIÇÕES EUTERPE LTDA.
Todos os direitos autorais reservados para todos os países. All rights reserved.

D7

___-be de on-de eu ve-nho   O que eu sou____
___-so nem a - vi - ão_____ Eu vô - o mes-__ mo

A7

e o que te-__ nho   Eu__ sou ter - rí__ - vel   vou lhe di-zer__
a - qui no chão_____ Eu__ sou ter - rí__ - vel   vou lhe con-tar

E7

Que po-nho mes-__ mo   pra der-re-ter____   Es - tou com a ra-zão no que di-
Não vai ser mo-__ le   me a-com-pan-nhar___   Ga - ro - ta que an-dar do meu la-

D7   **E7**   **D7**

___-go   Não te-nho me-do nem do pe-ri___-go   Mi -
___-do   Vai ver que eu an-do mes-mo a - pres-sa__-do   Mi -

E7   **D7**   **A7**

-nha ca-ran-ga é má-qui-na quen__ - te Eu sou ter - rí_____ - vel
-nha ca-ran-ga é má-qui-na quen__ - te Eu sou ter - ri_____ - vel

E7   **A7**

Improviso de gaita

Eu sou ter - rí__ - vel

D7   **A7**   **E7**   **D7**   **A7**   **E7**

Ao 𝄋
e 𝄌

Eu sou ter-ri-

A7

___-vel   Eu sou ter - rí__ - vel   *Fade out*

Jesus Cristo

ROBERTO CARLOS e
ERASMO CARLOS

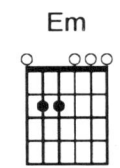

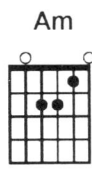

Em   G   Bm   Am

Jesus Cristo, Jesus Cristo, Jesus Cristo eu estou aqui
2 vezes:
    Em   G   Bm   Am   Em
Jesus Cristo, Jesus Cristo, Jesus Cristo eu estou aqui

Em   G
Olho pro céu e vejo uma nuvem bran_ca que vai passando
Bm   Am
Olho na terra e vejo uma multidão que vai caminhando
Em   G
Como essa nuvem branca essa gente não sabe aonde vai
Bm   Am
Quem poderá dizer o caminho cer_to é você meu Pai

Em   G   Bm   Am   Em
Jesus Cristo, Jesus Cristo, Jesus Cristo eu estou aqui
Em   G   Bm   Am   Em
Jesus Cristo, Jesus Cristo, Jesus Cristo eu estou aqui

Em   G
Toda essa multidão tem no peito amor e procura a paz
Bm   Am
E apesar de tudo a esperan___ça não se desfaz
Em   G
Olhando a flor que nasce no chão daque_le que tem amor
Bm   Am
Olho pro céu e sinto crescer a fé no meu Salvador

           Em   G   Bm   Am   Em
4 vezes: Jesus Cristo, Jesus Cristo, Jesus Cristo eu estou aqui

Em   G
Em cada esquina eu vejo o olhar perdi_do de um irmão
Bm   Am
Em busca do mesmo bem nessa direção caminhando vem
Em   G
É meu desejo ver aumentando sem_pre essa procissão
Bm   Am
Para que todos cantem na mesma voz essa oração

                Em   G   Bm   Am   Em
Várias vezes Jesus Cristo, Jesus Cristo, Jesus Cristo eu estou aqui
e fade out: Em   G   Bm   Am   Em
Jesus Cristo, Jesus Cristo, Jesus Cristo eu estou aqui

♩ = 102

N.C.
Je- sus Cris- to - Je- sus Cris- to - Je- sus Cris- to eu es- tou a- qui

| Em | G | Bm | Am | Em |
Je- sus Cris- to - Je- sus Cris- to - Je- sus Cris- to eu es- tou a- qui

| Em | G | Bm |
O- lho pro céu e ve- jo u-ma nu-vem bran- ca que vai pas-san- do   O- lho pra ter- ra e ve- jo u-ma mul- ti- dão

| Am | Em | G |
que vai ca- mi- nhan- do   Co- mo es- sa nu-vem bran- ca es-sa gen-te não sa- be a- on- de vai

| Bm | Am | Em | G |
Quem po- de- rá di- zer o ca- mi- nho cer- to é vo- cê meu pai   Je- sus Cris- to Je- sus Cris- to

| Bm | Am | Em | Em |
Je- sus Cris- to eu es- tou a- qui   To- da es- sa mul- ti- dão tem no pei- to a- mor

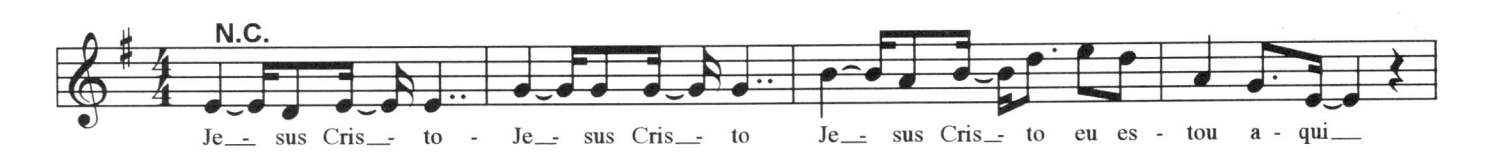

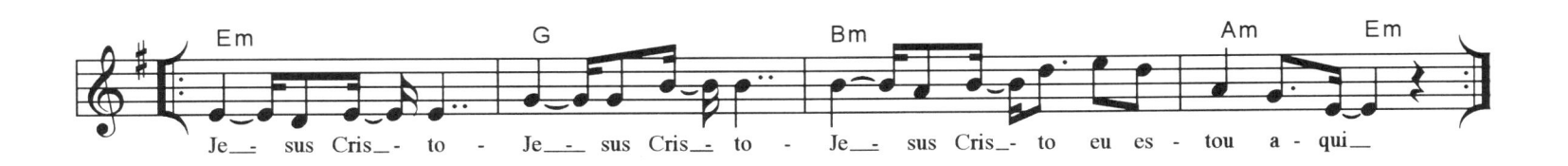

©Copyright 1990 by WARNER CHAPPELL EDIÇÕES MUSICAIS LTDA.
Todos os direitos autorais reservados para todos os países. All rights reserved.

... e procura a paz. E apesar de tudo a esperança não se desfaz. Olhando a flor que nasce no chão daquele que tem amor. Olho pro céu e sinto crescer a fé no meu Salvador. Jesus Cristo, Jesus Cristo, Jesus Cristo eu estou aqui.

Tocar 4 vezes: 1ª - voz e bateria
2ª - voz, coro e bateria
3ª e 4ª - tutti

Jesus Cristo, Jesus Cristo, Jesus Cristo eu estou aqui.

1., 2. e 3. -tou aqui.
4. -tou aqui. Cada esquina eu vejo o olhar perdido de um irmão. Em busca do mesmo bem, nessa direção caminhando vem. É meu desejo ver aumentando sempre essa procissão. Para que todos cantem na mesma voz essa oração. Jesus Cristo, Jesus Cristo, Jesus Cristo eu estou aqui.

Fade out

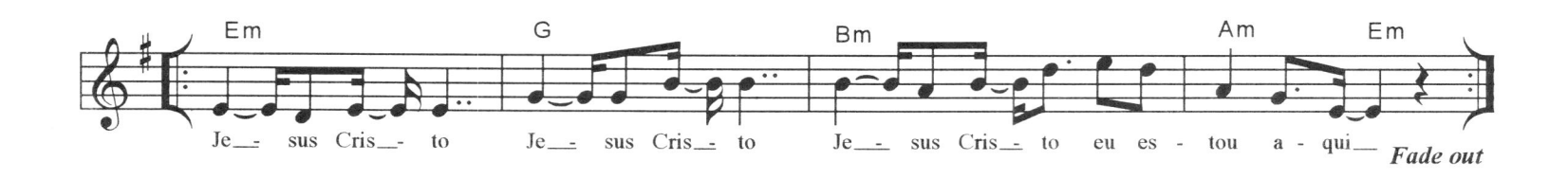

Vista a roupa meu bem

ROBERTO CARLOS e
ERASMO CARLOS

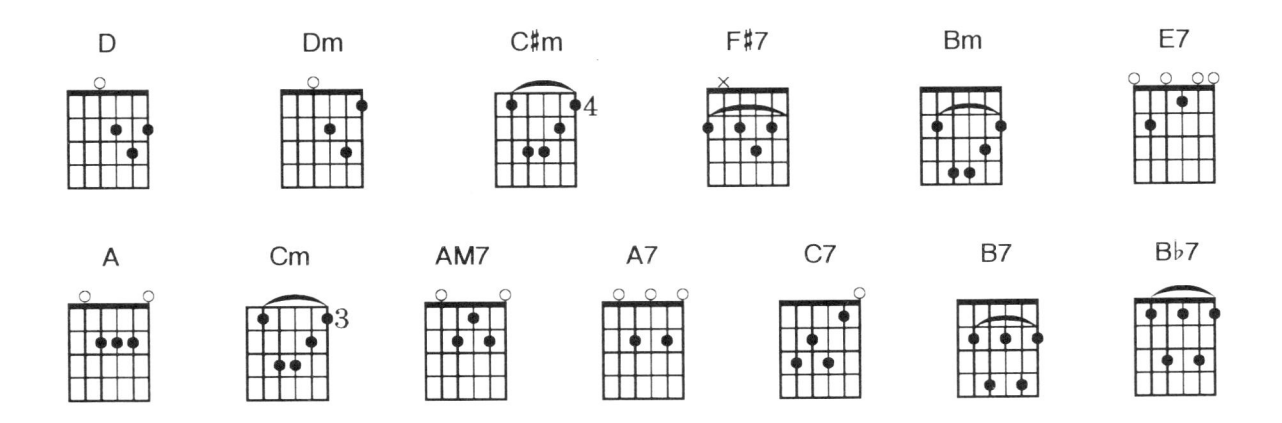

Introdução: **D Dm C#m F#7 Bm E7**
A C#m Cm Bm

     E7   **A**
Vista a roupa meu bem

               AM7
Vista a roupa meu bem

A
Acredite em mim

            C#m   **Cm**   **Bm**
E no meu amor   tam__bém

     E7
Vista a roupa meu bem

Vista a roupa meu bem

Isso está muito bom

Mas temos que ir embora

A   **C#m** **Cm** **Bm**
Vista a roupa e   vem

     E7   **A**
Vista a roupa meu bem

               AM7
Vista a roupa meu bem

A   **A7**
Você não se decide

                       D
Isto assim não fica bem

Esta praia está boa

                Dm
Mas você me mago___a

         C#m   **F#7**
Insistin__do em ficar

                  Bm
Vista a roupa meu bem

                  E7
Vista a roupa meu bem

        A **C#m** **Cm** **Bm** **E7**
E vamos nos casar

Instrumental: **A AM7 A C#m Cm**
Bm E7 A C#m Cm Bm

Vista a roupa meu bem *(etc.)*

FINAL:

    E7   **A C7 B7 Bb7 A7**
Vamos nos casar

Vista a roupa meu bem

**ROBERTO CARLOS e
ERASMO CARLOS**

♩.= 138

Vis - ta a rou - pa meu bem   Vis - ta a rou - pa meu bem
A - cre - di - te em mim   E no meu a - mor tam - bém
Vis - ta a rou - pa meu bem   Vis - ta a rou - pa meu bem
Is - so es - tá mui - to bom   Mas te - mos que ir em - bo - ra   Vis - ta a rou - pa e
vem Vis - ta a rou - pa meu bem   Vis - ta a rou - pa meu bem

Copyright 1970 by EMI SONGS DO BRASIL EDIÇÕES MUSICAIS LTDA.
Todos os direitos autorais reservados para todos os países. All rights reserved.

Vo-cê não se de-ci-de Is-to as-sim não fi-ca bem___ Es-ta prai-a es-tá bo-___

___-a Mas vo-cê me ma-go___-a___ In-sis-tin-___do em___ fi-car___

___Vis-___ta a rou-pa meu bem___ Vis-ta a rou-pa meu bem___ E va-mos nos ca-___sar___

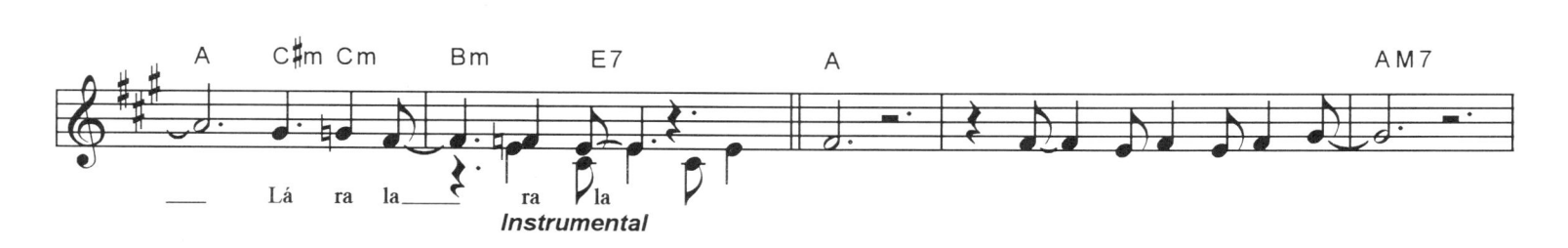

___Lá ra la___ ra la

Instrumental

Voz

Vis-ta a rou-pa meu

Va-mos nos ca-___sar___ Va-mos nos ca-___sar___ *rall.*

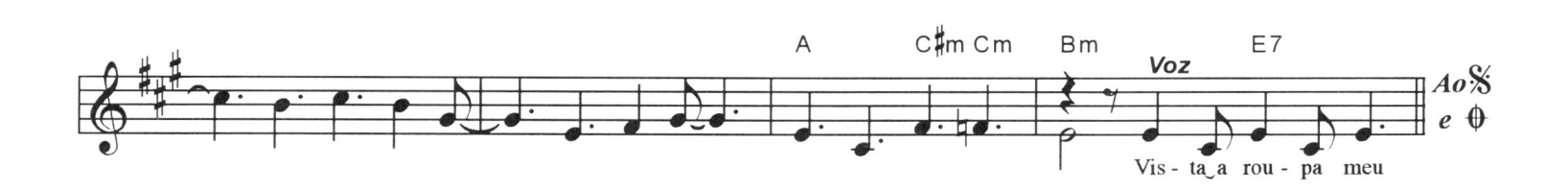

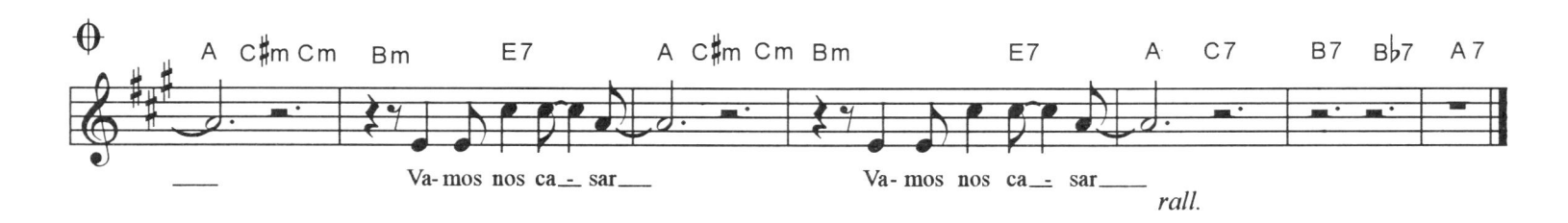

Minha senhora

ROBERTO CARLOS e
ERASMO CARLOS

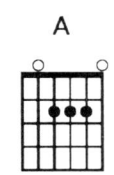

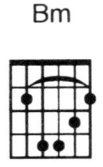

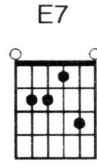

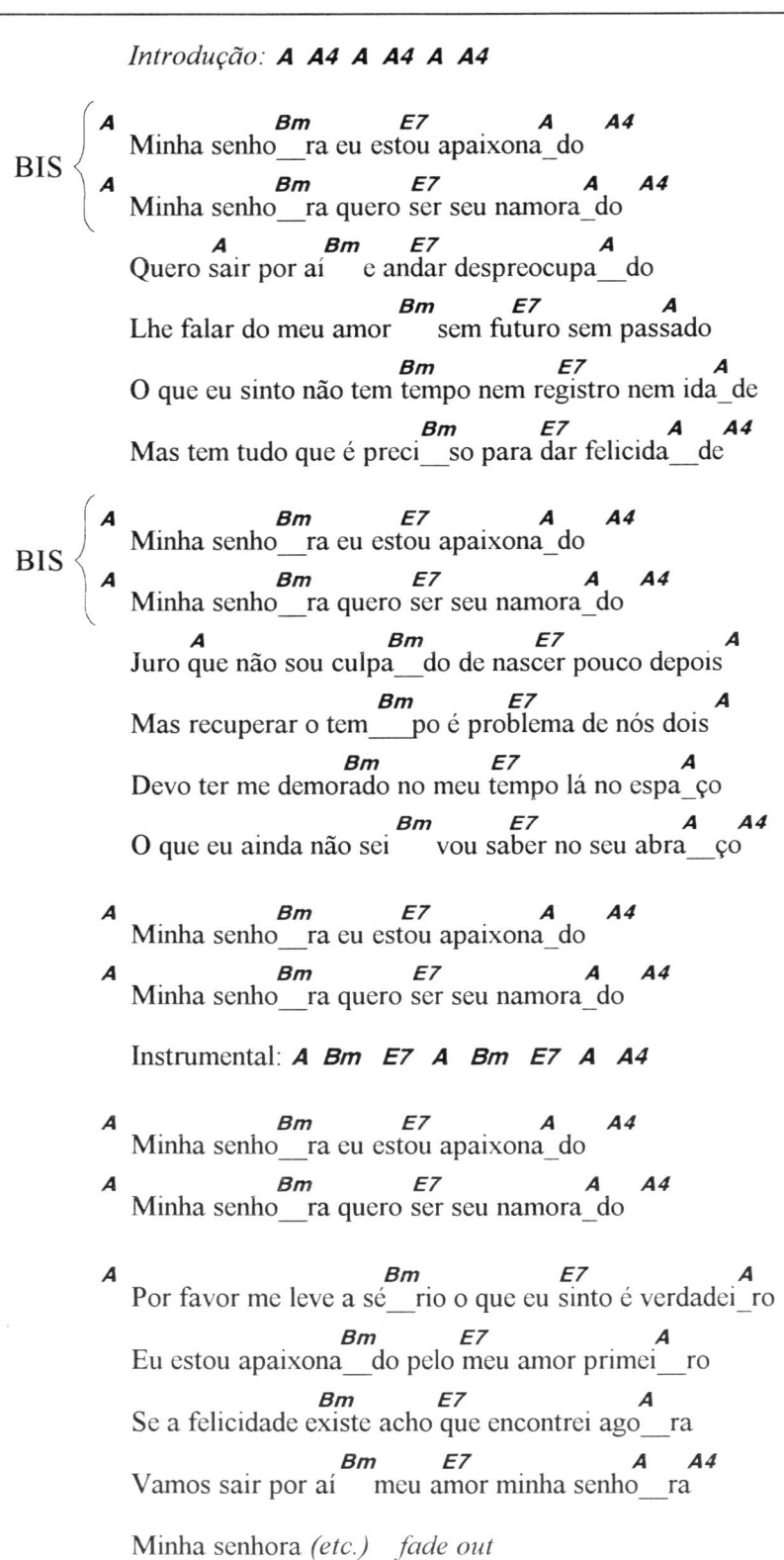

[Chord diagrams: A, A4, Bm, E7]

Introdução: **A A4 A A4 A A4**

BIS {
```
       A            Bm      E7          A    A4
       Minha senho__ra eu estou apaixona_do
       A            Bm      E7             A    A4
       Minha senho__ra quero ser seu namora_do
```
}

```
       A          Bm        E7              A
Quero sair por aí    e andar despreocupa__do
                    Bm       E7          A
Lhe falar do meu amor   sem futuro sem passado
                         Bm      E7                     A
O que eu sinto não tem tempo nem registro nem ida_de
                         Bm        E7       A    A4
Mas tem tudo que é preci__so para dar felicida__de
```

BIS {
```
       A            Bm      E7          A    A4
       Minha senho__ra eu estou apaixona_do
       A            Bm      E7             A    A4
       Minha senho__ra quero ser seu namora_do
```
}

```
            A            Bm       E7                A
Juro que não sou culpa__do de nascer pouco depois
                    Bm     E7              A
Mas recuperar o tem___po é problema de nós dois
                       Bm      E7              A
Devo ter me demorado no meu tempo lá no espa_ço
                    Bm       E7        A    A4
O que eu ainda não sei   vou saber no seu abra__ço
```

```
A            Bm      E7          A    A4
Minha senho__ra eu estou apaixona_do
A            Bm      E7             A    A4
Minha senho__ra quero ser seu namora_do
```

Instrumental: **A Bm E7 A Bm E7 A A4**

```
A            Bm      E7          A    A4
Minha senho__ra eu estou apaixona_do
A            Bm      E7             A    A4
Minha senho__ra quero ser seu namora_do
```

```
A                     Bm           E7                  A
Por favor me leve a sé__rio o que eu sinto é verdadei_ro
                    Bm          E7          A
Eu estou apaixona__do pelo meu amor primei__ro
                    Bm       E7             A
Se a felicidade existe acho que encontrei ago__ra
                    Bm       E7      A    A4
Vamos sair por aí    meu amor minha senho__ra
```

Minha senhora *(etc.)* *fade out*

♩ = 89

Lyrics under the staves:

Minha senhora eu es-tou a-pai-xo-na-do Minha senhora quero ser seu na-mo-ra-do / -do Quero

Juro / *Por fa-*

sair por aí e andar des-preo-cu-pa-do Lhe fa-lar do meu amor sem futuro sem pas-sado O que eu sinto não tem tempo nem re-meiro

que não sou culpa-do de nascer pou-co de-pois *Mas re-cu-pe-rar o tem-po é pro-ble-ma de nós dois* *Devo ter me de-mo-ra-do no meu*

-vor me le-ve a sé-rio o que eu sinto é ver-da-dei-ro Eu es-tou a-pai-xo-na-do pe-lo meu a-mor pri-meiro Se a fe-li-ci-da-de existe a-cho

©Copyright 1970 by EMI SONGS DO BRASIL EDIÇÕES MUSICAIS LTDA.
Todos os direitos autorais reservados para todos os países. All rights reserved.

E7 A
-gis - tro nem i - da de Mas tem tu - do que_é pre - ci -
tem - po - lá no_es - pa ço O que_eu - a - in - da não se -
que_en - con - trei a - go ra Va - mos sa - ir por a - í
Bm E7 A A4
-so pa - ra dar fe - li - ci - da de
-i vou sa - ber no seu a - bra ço
meu a - mor mi - nha se - nho ra
Ao 𝄋
A Bm E7 A A4 A
Mi - nha se - nho - ra eu es - tou a - pai - xo - na - do Mi - nha se - nho -
Bm E7 A A4 A
-ra que - ro ser seu na - mo - ra - do
Instrumental
Bm E7
A Bm E7 A A4
Ao 𝄋
s/ rit.
(3ª letra)
e
A Bm E7 A A4
Mi - nha se - nho - ra eu es - tou a - pai - xo - na - do
A Bm E7 A A4
Mi - nha se - nho - ra que - ro ser seu na - mo - ra - do
Fade out

De que vale tudo isso

ROBERTO CARLOS

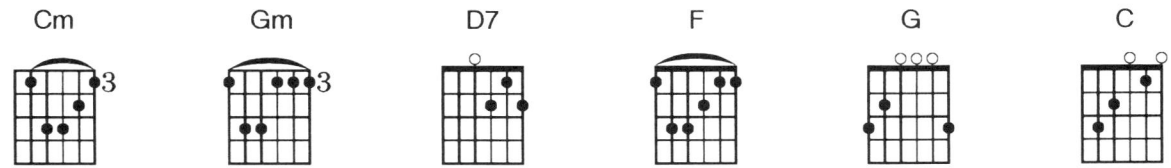

[Chord diagrams: Cm, Gm, D7, F, G, C]

     Cm   *Gm*   *D7*   *Gm*
De que vale tudo isso se você não está aqui

     Cm   *Gm*   *D7*   *Gm F Gm F Gm*
De que vale tudo isso se você não está aqui

Meu amor há quanto tempo eu não falo com você

                                D7
Isso só me deixa triste sem vontade de viver

     Cm
E o meu amor que é puro pode crer meu bem eu juro

                        D7   *Gm*
É tão grande que duvido que outro igual possa haver

Tanta coisa boa existe e eu aqui meu bem tão triste

   G7   *Cm*
É demais qualquer minuto sem você

     Cm   *Gm*   *D7*   *Gm*
De que vale tudo isso se você não está aqui

     Cm   *Gm*   *D7*   *Gm F Gm F Gm*
De que vale tudo isso se você não está aqui

Se eu ficar pensando sou capaz de enlouquecer

                              D7
Suportar eu não consigo tanto tempo sem te ver

     Cm
Sem você e o seu carinho eu não posso mais ficar

            D7   *Gm*
E não sei até que dia eu terei que te esperar

Meu sorriso é tão triste já nem sei mesmo sorrir

   G7   *Cm*
É demais qualquer minuto sem você

     Cm   *Gm*   *D7*   *Gm*
De que vale tudo isso se você não está aqui

     Cm   *Gm*   *D7*   *Gm F Gm F*
De que vale tudo isso se você não está aqui

Instrumental: **G C G C G C Cm Gm D7 Gm F**

G   *C*
Mas eu sei que o dia que você pra mim voltar

G   *C*
Minha vida outra vez alegre vai ficar

G   *C*   *Cm*
Toda essa tristeza de repente vai ter fim

 Gm   *D7*   *Gm*
No dia que você voltar pra mim

     Cm   *Gm*   *D7*   *Gm*
De que vale tudo isso se você não está aqui

     Cm   *Gm*   *D7*   *Gm F Gm F Gm*
De que vale tudo isso se você não está aqui

De que vale tudo isso

ROBERTO CARLOS e
ERASMO CARLOS

♩.= 110

De que vale tudo isso se você não está aqui
De que vale tudo isso se você não está aqui

Meu amor há quanto tempo eu não falo com você Isso só me deixa triste e sem vontade de viver E o meu amor que é puro pode crer meu bem eu juro É tão grande que duvido que outro igual possa haver Tanta coisa boa e

Se eu ficar aqui pensando sou capaz de enlouquecer Suportar eu não consigo tanto tempo sem te ver Sem você e o seu carinho eu não posso mais ficar E não sei até que dia eu terei que te esperar Meu sorriso é tão

©Copyright 1967 by EMI SONGS DO BRASIL EDIÇÕES MUSICAIS LTDA.
Todos os direitos autorais reservados para todos os países. All rights reserved.

-xis - te e eu a - qui meu bem tão tris - te É de - mais qual - quer mi - nu - to sem vo -
tris - te já nem mes - mo sei sor - rir

-cê De que va - le tu - do is - so se vo - cê não es - tá a-

-qui De que va - le tu - do is - so se vo - cê não es - tá a- -qui

Órgão

Voz

Mas eu sei que o di - a que vo - cê pra mim vol - tar

Mi - nha vi - da ou - tra vez a - le - gre vai fi - car To - da es - sa tris-

-te - za de re - pen - te vai ter fim No di - a em que vo - cê vol - tar pra mim De que

Ao 𝄋 e Fim

Pra você

SILVIO CÉSAR

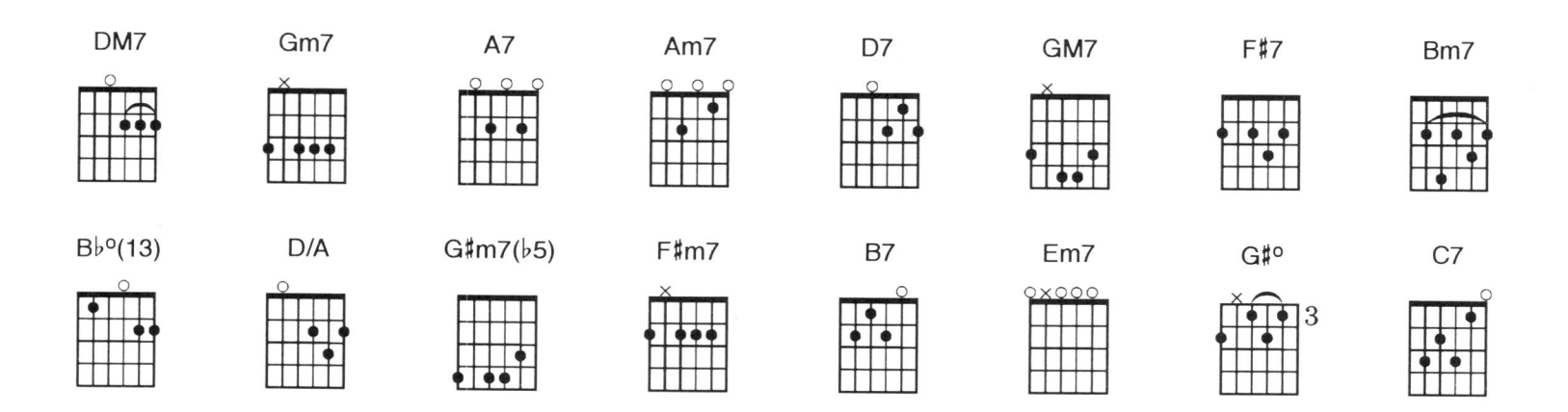

```
DM7           Gm7
Pra você eu guardei
         A7
Um amor infinito
DM7          Am7
Pra você procurei
D7           GM7  F#7
O lugar mais bonito
Bm7          Bbº(13)
Pra você eu sonhei
D/A          G#m7(b5)
O meu sonho de paz
GM7          F#m7  Bm7
Pra você me guardei
    Em7    A7
Demais, demais

DM7           Gm7
Se você não voltar
         A7
O que faço da vida
DM7              Am7
Não sei mais procurar
D7           GM7
A alegria perdida
             G#º
Eu não sei nem porque
D/A          Bm7
Terminou tudo assim
GM7          Em7
Ah! Se eu fosse você
A7           DM7  Bm7  Em7  A7
Eu voltava pra mim
```

Solo de flauta: **DM7 Gm7 A7 DM7**
Am7 D7 GM7 F#7

```
GM7              G#º
Eu não sei nem porque
D/A          Bm7
Terminou tudo assim
GM7          Em7
Ah! Se eu fosse você
A7           F#m7
Eu voltava pra mim
         C7  B7  Em7
Voltava sim
             A7
Ah! Se eu fosse você
Em7   A7    DM7
Eu voltava pra mim
```

♩ = 82
DM7 Voz
G m7
A 7
Pra vo - cê eu guar - dei
Um a - mor in - fi - ni - to
Se vo - cê não vol - tar
O que fa - ço da vi - da
DM7
A m7
D 7
GM7
Pra vo - cê pro - cu - rei
O lu - gar mais bo - ni - to
Não sei mais pro - cu - rar
A‿a - le - gri - a per - di - da
(2ª vez) GM7
F♯7
(2ª vez) G M7
B m7
(2ª vez) G♯°
B♭°(13)
D/A
(2ª vez) B m7
G♯m7(♭5)
Pra vo - cê eu so - nhei
O meu so - nho de paz
Eu não sei nem por - que
Ter - mi - nou tu - do‿as - sim
GM7
F♯m7 B m7
E m7
A 7
E m7
1.
2.
Pra vo - cê me guar - dei
De - mais
de - mais
-cê
Ah! se‿eu fos - se vo-
A 7
DM7 B m7 E m7 A 7
D M7 Solo de flauta
G m7
Eu vol - ta - va pra mim
A 7
D M7
A m7
D 7
G M7
F♯7
E m7
Ao 𝄋 e 𝄌
-cê
A 7
F♯m7
C 7
B 7
E m7
A 7
E m7
A 7
DM7
Eu vol- ta- va pra mim
Vol - ta- va sim
Ah! se‿eu fos- se vo - cê
Eu vol - ta- va pra mim

Só vou gostar de quem gosta de mim

ROSSINI PINTO

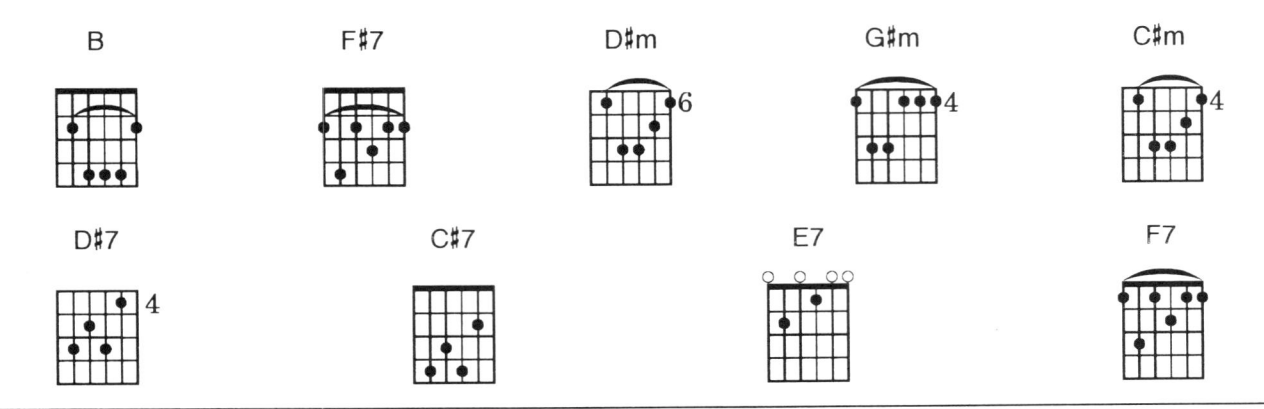

Introdução: **B F#7 B**

B
De hoje em diante

                     F#7
Vou modificar o meu modo de vi__da

Naquele instante que você partiu

             B
Destruiu o nosso amor

     D#m
Agora não vou mais chorar

G#m
Cansei de esperar

C#m
De esperar enfim

         B   **F#7**
E pra começar eu só vou gostar

                   B
De quem gosta de mim

Não quero com isso dizer que o amor

                 F#7
Não é bom sentimen__to

A vida é tão bela

                          B
Quando a gente ama e tem um amor

            D#m
Por isso é que eu vou mudar

G#m   **C#m**
Não quero ficar chorando até o fim

       B
E pra não chorar

             F#7   **B**
Eu só vou gostar   de quem gosta de mim

                D#7
Não vai ser fácil eu bem sei

Eu já procurei

     G#m
Não encontrei meu bem

C#7
A vida é assim

Eu falo por mim

    F#7 E7   F7 F#7
Pois eu vivo sem nin_guém

Instrumental: **B F#7 B B7 E B F#7 B**

Não vai ser fácil eu bem sei *(etc.)*

©Copyright by EDITORA MUSICAL BMG ARABELLA LTDA.
Todos os direitos autorais reservados para todos os países. All rights reserved.

Na - que - le ins - tan - te que vo - cê par - tiu___ Des - tru - iu nos - so a - mor___
A vi - da é tão be - la Quan - do a gen - te a - ma e tem um a - mor___

A - go - ra não vou mais cho - rar___ Can - sei de es - pe - rar___ De es - pe - rar en - fim
Por is - so é que eu vou mu - dar___ Não que - ro fi - car___ cho - ran - do a - té o fim

E pra co - me - çar___ eu só vou gos - tar___ De quem gos - ta de mim___
E pra não cho - rar___ Eu só vou gos - tar___ de quem gos - ta de mim___

Não vai ser fá - cil eu bem sei___ Eu já pro - cu - rei___ Não en - con - trei meu bem

A vi - da é as - sim___ Eu fa - lo por mim___ Pois eu vi - vo sem nin-

-guém

-guém   só vou gos - tar___ de quem gos - ta de mim___

Fade out

Folhas de outono

FRANCISCO LARA e
JOVENIL SANTOS

[Chord diagrams: C, G, D7, G7]

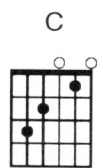

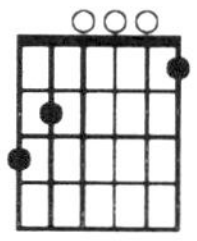

Introdução: **C G D7 G**

G
As folhas caem
　　　　　　D7
O inverno já chegou

E onde anda
　　　　　　　　G
Onde anda o meu amor

Que foi embora
G7　　　　　　　**C**
Sem ao menos me beijar
　　　G
Como as fo__lhas
　　D7　　　　　**G**
Que se perdem pelo ar
　　D7　　　　　　**G**
Mas ainda nela eu pen_so

D7　　　　　　**G**
Com muito cari_nho
D7　　　　　　　**G**
As folhas vão cain_do
D7　　　　　**G G7**
E eu choro baixi_nho
　　C　　　　　　**G**
Mas tenho a esperan_ça
　　D7　　　　**G**
Que ela vai voltar
　　C　　　　　　**G**
As folhas quando ca_em
　　D7　　　　　**G**
Nascem outras no lugar
　　D7　　　　　**G**
Nascem outras no lugar

Instrumental: **G D7 G G7**
　　　　　　　C G D7 G

Mas ainda nela eu penso *(etc.)*

♩ = 105

[Sheet music notation with lyrics:
"As fo-lhas ca——em O in-ver-no já che-gou
E on-de an——da On-de an-da o meu a-mor"]

©Copyright 1967 by EMI SONGS DO BRASIL EDIÇÕES MUSICAIS LTDA.
Todos os direitos autorais reservados para todos os países. All rights reserved.

Que foi em-bo——-ra Sem ao me-nos me bei-jar——

Co-mo as fo——-lhas Que se per-dem pe-lo ar—— Mas a-

B -in-da ne-la eu pen——-so Com mui-to ca-ri——-nho As fo-lhas vão ca-in-

—-do E eu cho-ro bai-xi——-nho Mas te-nho a es-pe-ran——

—-ça Que e-la vai vol-tar—— As fo-lhas quan-do ca—

—-em Nas-cem ou-tras no lu-gar—— Nas-cem ou-tras no lu-gar——

Ao **A** *instrumental,* **B** *com letra e* 𝄌

Nas-cem ou-tras no lu-gar—— Nas-cem

Fade out

E por isso eu estou aqui

ROBERTO CARLOS

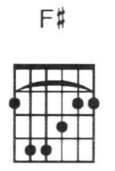

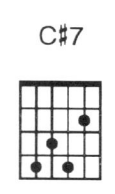

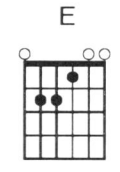

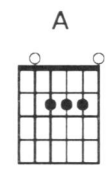

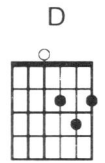

F# C#7 B E A D G

Introdução: **F# C#7 F# C#7 F#**

F#　　　　　**C#7**
Olha dentro dos meus olhos
　　　B C#7　　　　**F#　　C#7**
Vê quanta tristeza de chorar por ti, por ti
F#　　　**C#7**　　　　　**B**
Olha eu já não podia mais viver sozinho
C#7　　**F# C#7 F#**
E por isso eu estou aqui

B　　C#7　　**F#**
De saudade eu chorei
　　　B C#7　　**F#**
E até pensei que ia morrer
B　　**E**　　　**A**
Juro que eu não sabia
D　　　　**G**　　　　**C#7**
Que viver sem ti eu não poderia

F#　　　　**C#7**
Olha quero te dizer
　　　　B
Todo aquele pranto
C#7　　　　**F# C#7**
Que chorei por ti, por ti
F#　　　　　**C#7**
Tinha uma saudade imensa
　　　　B
De alguém que pensa
C#7　　**F#**
E morre por ti

Cordas: **F# C#7 B C#7 F# C#7**
　　　　　F# C#7 B C#7 F#

De saudades eu chorei *(etc.)*

Lyrics:

Olha dentro dos meus olhos
Vê quanta tristeza de chorar por ti por ti
Olha eu já não podia mais viver sozinho
E por isso eu estou aqui
De saudade eu chorei
E até pensei que ia morrer
Juro que eu não sabia
Que viver sem ti eu não poderia

Olha quero te dizer
Todo aquele pranto
Que chorei por ti por ti
Tinha uma saudade imensa
De alguém que pensa
E morre por ti

©Copyright 1967 by SERESTA EDIÇÕES MUSICAIS LTDA.
Todos os direitos autorais reservados para todos os países. All rights reserved.

Proposta

ROBERTO CARLOS e
ERASMO CARLOS

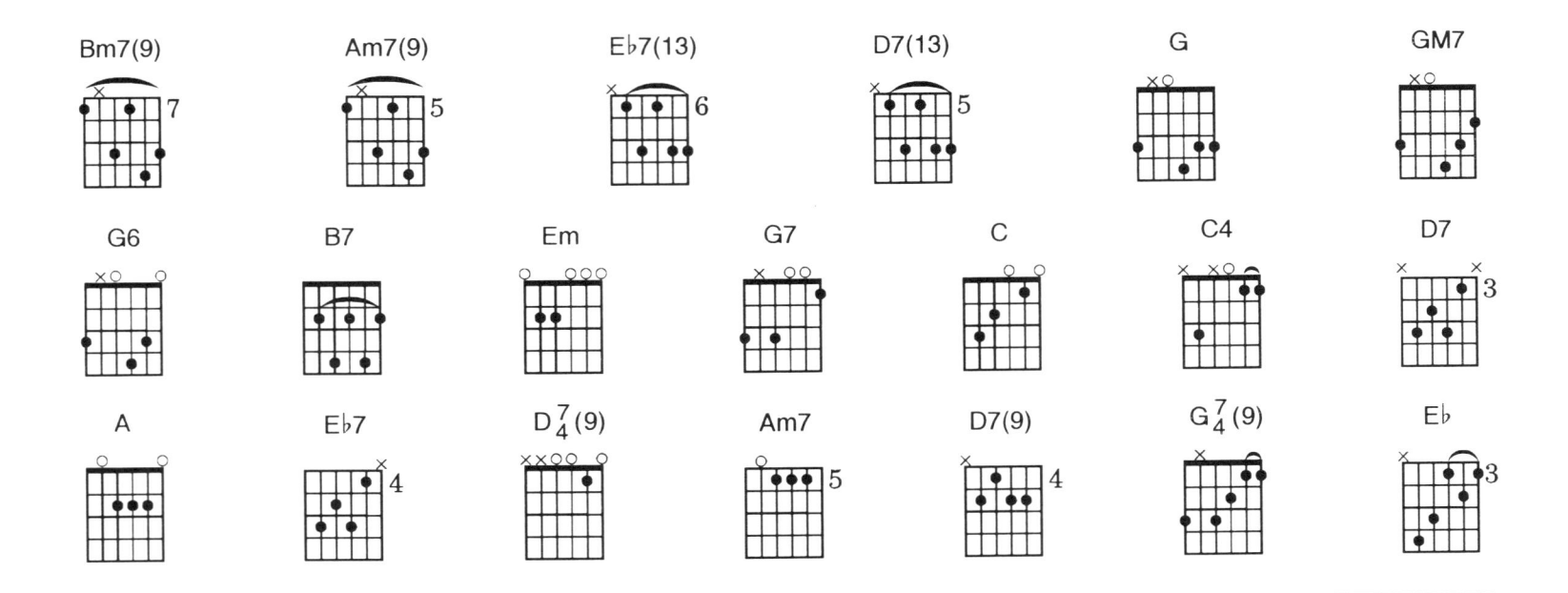

Introdução: **Bm7(9) Am7(9) E♭7(13) D7(13)**

G
  Eu te proponho

GM7   **G6**
  Nós nos amarmos

GM7   **B7**
  Nos entregarmos

      Em
Neste momento

Tudo lá fora

    G7
Deixar ficar

    C
Eu te proponho

C4 C   **D7**
  Te dar meu corpo

      G   **B7**   **Em**
Depois do amor o meu   conforto

    A
E além de tudo

Depois de tudo

  E♭7   **D7**
Te dar a minha paz

D7(4 9) D7   **G**
  Eu   te proponho

GM7   **G6**
  Na madrugada

GM7   **B7**
  Você cansada

    Em
Te dar meu braço

No meu abraço

  G7   **F/A**
Fazer você dormir

  G/B   **C**   **C4 C**   **D7**
Eu te proponho   não dizer nada

      G   **B7**   **Em**
Seguirmos juntos   a mesma estrada

      Am7
Que continua

      D7(9)
Depois do amor

 G   **Bm7 Am7 D7(9)**
No amanhecer

Instrumental: **G GM7 G6 GM7 B7**
            Em G7 G7(4 9)

Eu te proponho te dar meu corpo *(etc.)*

Eu te proponho não dizer nada *(etc.)*

 G   **Bm7 Am7 D7(9)**
... No amanhecer

 G   **Bm7 Am7 E♭7**
No amanhecer

FINAL:

 D7   **E♭**   **G**
Eu te proponho

♩ = 68
Livre
Intro
B m7(9)
A m7(9)
E♭7(13)
D 7(13)
Guitarra
Eu te pro -
G GM7 G6 GM7 B7
-po - nho Nós nos a - mar - mos Nos en - tre - gar - mos Nes - te mo -
a tempo
Em G7
-men - to Tu - do lá fo - ra Dei - xar fi - car Eu - te - pro -
C C4 C D7 G B7 Em
-po - nho Te dar meu cor - po De - pois do a mor o meu con - for - to E a - lém de
A A E♭7 D7 D7 D 7 4(9) D7
tu - do De - pois de tu - do Te dar a mi - nha paz Eu te pro -
G GM7 G6 GM7 B7
-po - nho Na ma - dru - ga - da Vo - cê can - sa - da Te dar meu
Em G7
2ª vez G7 F/A G/B
bra - ço No meu a - bra - ço Fa - zer vo - cê dor - mir Eu te pro -

C C4 C D7 G B7
-po - nho não di - zer na - da Se - guir - mos jun - tos a mes - ma es -
Em Am7 D7(9)
-tra - da Que con - ti - nu - a De - pois do a - mor No a -
G Bm7 Am7 D7(9)
-ma - nhe - cer
G GM7 G6 GM7 B7
Solo
Em G7 G7 G7/4(9) G7
Orquestra
Voz
Eu te pro -
Ao 𝄋 e 𝄌
G Bm7 Am7 D7(9) G Bm7
-ma - nhe - cer No a - ma - nhe - cer
Am7 E♭7 D7 E♭ G
Lento
Eu te pro - po - nho
rall.

Café da manhã

ROBERTO CARLOS e
ERASMO CARLOS

[Chord diagrams: AM7, Bm7, C#7, F#m, A7, A7/4, G/B, A/C#, DM7, E7(9), E, E7/4(9), E7, B7, Em]

Introdução: **AM7 Bm7 AM7**

AM7
Amanhã de manhã vou pedir o **C#7** café pra nós dois
      F#m   **A7   A7(4) A7 G/B A/C#**
Te fazer um carinho e depois te envolver em meus braços
DM7   **E7(9)**   **AM7**
E em meus abraços   na desordem do quarto a esperar
F#m   **Bm7**   **E**
Lentamente você despertar e te amar na manhã
E7(4 9) E7 AM7   **C#7**
A____manhã de manhã nossa chama outra vez tão acesa
           F#m   **A7 A7(4) A7 G/B A/C#**
E o café esfriando na mesa esquecemos de tudo
DM7   **E7(9)**   **AM7**
Sem me importar   com o tempo correndo lá fora
F#m   **Bm7**   **E7(9)**   **AM7**
Amanhã nosso amor não tem hora   vou ficar por aqui
C#7   **F#m**
Pensando bem amanhã eu nem vou trabalhar
B7   **Bm7**   **E7(9)**
Além do mais temos tantas razões pra ficar
      AM7   **C#7**
Amanhã de manhã eu não quero nenhum compromisso
               F#m   **A7 A7(4) A7 G/B A/C#**
Tanto tempo esperamos por isso desfrutemos de tudo
DM7   **E7(9)**   **AM7**
Quando mais tarde   nos lembrarmos de abrir a cortina
F#m   **Bm7**   **E7(9)**   **AM7**
Já é noite e o dia termina   vou pedir o jantar

Instrumental: **F#m Em A7**

DM7   **E7(9)**   **AM7**
Quando mais tarde   nos lembrarmos de abrir a cortina
F#m   **Bm7**   **E7(9)**   **AM7 Bm7 E7**   **AM7**
Já é noite e o dia termina   vou pedir o jantar   vou pedir o jantar

              Bm7 E7(9)   **AM7**
Nos lençóis macios   amantes se dão
           C#7   **F#m**
Travesseiros sol__tos, roupas pelo chão
              Bm7 E7(9)   **AM7**
Braços que se abra__çam   bocas que murmu__ram
           C#7   **F#m**
Palavras de amor   enquanto se procuram   *(fade out)*

Café da manhã

ROBERTO CARLOS e ERASMO CARLOS

A-ma-nhã__ de ma-nhã vou pe-dir o ca--fé__ pra nós dois Te fa-zer um ca-ri__-nho e de-pois te en-vol-ver em meus bra-ços__ E em__ meus a-bra-ços na de-sor-dem do quar-_-to a es-pe-rar Len-ta-men-te vo-cê__ des-per-tar e te a-mar na ma--nhã A - ma-nhã__ de ma-nhã nos-sa cha-ma ou-tra vez__ tão a-ce-sa E o ca-fé es-fri-an__-do na me-sa es-que-ce-mos de tu-do Sem me im-por-tar com o tem-po cor-

-nhã__ de ma-nhã eu não que-ro ne--nhum com-pro-mis-so Tan-to tem-po es-pe-ran--mos por is-so des-fru-te-mos de Quan____-do mais tar-de nos lem-brar-mos de a-

©Copyright 1983 by AMIGOS EDIÇÕES MUSICAIS LTDA.
©Copyright 1983 by ECRA REALIZAÇÕES ART. LTDA. Adm. por Sony Music Edições Musicais Ltda.
Todos os direitos autorais reservados para todos os países. All rights reserved.

-ren- do lá fo-ra / -brir__ a cor-ti-na
A-ma-nhã nos-so a-mor__ não tem ho-ra / Já é noi-te e o di__ a ter-mi-na
vou fi-car por a- / vou pe-dir o jan-

-qui / -tar

Pen-san-do bem a-ma-nhã eu nem vou__ tra-ba-lhar

A-lém do mais te-mos tan-tas ra-zões pra fi-car A-ma-

Instrumental / **Voz** Quan- do mais tar-de nos lem-brar-mos de a-

-brir__ a cor-ti-na Já é noi-te e o di__ a ter-mi-na Vou pe-dir o jan-

-tar Vou pe-dir o jan-tar Nos len-çois ma-ci-

__os a-man-tes se dão__ Tra-ves-sei-ros sol__ tos rou-pas pe-lo chão Bra-ços que se a-bra-

__çam bo-cas que mur-mu- ram Pa-la-vras de a-mor__ en-quan-to se pro-cu-ram

Fade out

Nossa canção

LUIZ AYRÃO

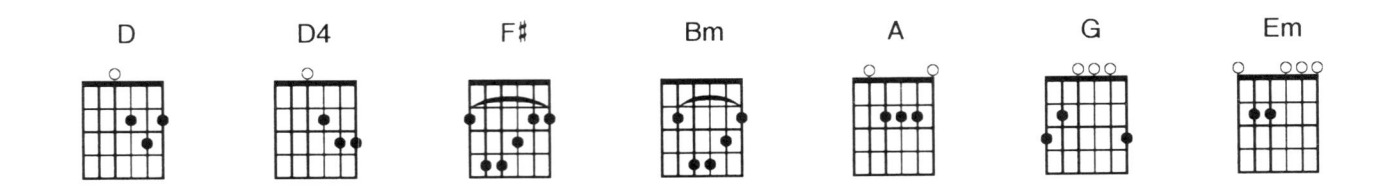

D   D4   F#   Bm   A   G   Em

Introdução: **D D4 D D D4 D D D4 D D**

D   **F#**
Olhe aqui   preste atenção
Bm   **A**   **D**
Essa é a nossa canção
G   **A**
Vou cantá-la seja aonde for
G   **A**   **G**
Para nunca esquecer o nosso amor
              A
Nosso amor

D   **F#**
Veja bem   foi você
Bm   **A**   **D**
A razão e o porquê
G   **A**
De nascer esta canção assim
G   **A**   **D**
Pois você é o amor que existe em mim

                  F#   **Bm**
Você partiu e me deixou
              F#   **Bm**
Nunca mais você voltou
                      A   **D**
Pra me tirar da solidão

Em   **F#**
E até você voltar
Em   **F#**   **A**
Meu bem eu vou cantar
                        D
Essa nossa canção

Instrumental: **F# Bm A D**
                         G A G A G A D

Veja bem *(etc.)*

FINAL: **D D4 D D D4 D D D4 D**

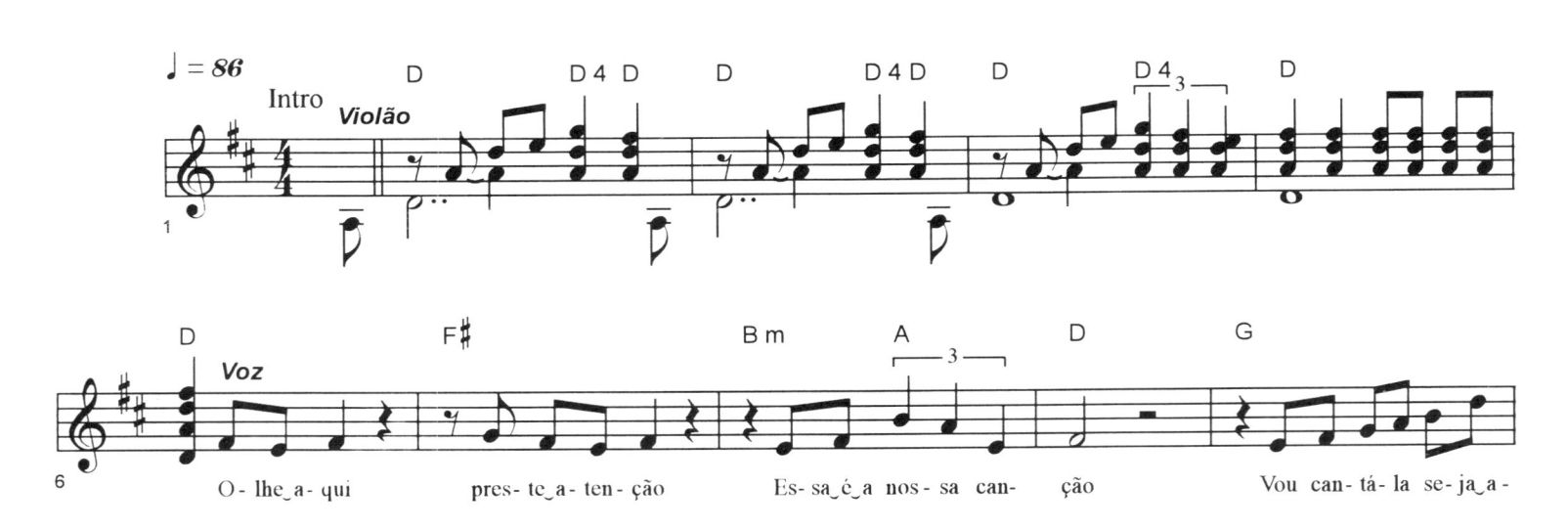

♩ = 86

Intro *Violão*

Voz

O- lhe_a- qui   pres- te_a- ten- ção   Es- sa_é_a nos- sa can- ção   Vou can- tá- la se- ja_a-

©Copyright 1966 by EMI SONGS DO BRASIL EDIÇÕES MUSICAIS LTDA.
Todos os direitos autorais reservados para todos os países. All rights reserved.

-on-de for__ Pa-ra nun-ca es-que-cer o nos-so a-mor__ Nos-so a - mor

Ve-ja bem foi vo-cê A ra-zão e o por-quê De nas-cer es-ta can-

-ção as-sim__ Pois vo-cê é o a - mor que e-xis-te em mim__ Vo-cê par-tiu e me dei-

-xou Nun-ca mais vo-cê vol-tou__ Pra me ti-rar da so-li-dão

E a-té vo-cê__ vol-tar__ Meu bem eu vou__ can-tar__ Es-sa nos-sa can-

-ção

-ção

Você deixou alguém a esperar

EDSON RIBEIRO

Introdução: **F Dm Bm7(11) E7**

    A   **E7**
Você deixou alguém a esperar
                      A
Você deixou mais um na solidão
                   E7
Você deixou alguém a esperar
                      A
Você deixou mais um na solidão

    A7
Quem me dera meu bem
                  D
Eu pudesse outra vez te abraçar
           A
E afastar para sempre
    E7   **A**
A tristeza do meu coração

    D   **E7**
Esqueça que já fiz você chorar
    D   **E7**   **A**
Esqueça tudo e vol__te para mim
  A7   **D Dm**
Eu estarei sempre a esperar
  A   **E7**   **A E7**
Que um dia essa tristeza tenha fim

Instrumental: **A E7 A A7 D A E7 A**

Esqueça que já fiz você chorar *(etc.)*

♩ = 124

-te- za do meu co- ra- ção   Es - que- ça que já fiz___ vo- cê cho- rar___

Es - que- ça tu- do e vol___ te pa- ra mim___   Eu es- ta- re- i

sem- pre a es- pe- rar___   Que um di- a es- sa tris- te____- za te- nha fim___

Orgão

A

D   A   E 7   A

Que um di- a es- sa tris- te_____- za te- nha fim___   *Fade out*

Ao 𝄋 e 𝄌

Aquele beijo que te dei

EDSON RIBEIRO

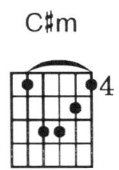

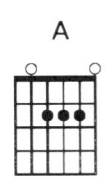

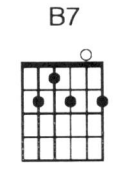

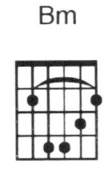

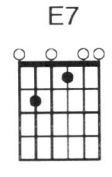

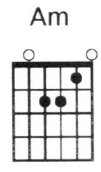

Chord diagrams: E, C#m, A, B7, Bm, E7, Am

Introdução 2 vezes: **E C#m A B7**

   E   **C#m**
Aquele beijo que te dei
A   **B7**
Nunca nunca mais esquecerei
  E
A noite linda de luar
B7
Lua testemunha tão vulgar

   E   **C#m**
Aquele beijo que te dei
A   **B7**
Nunca nunca mais esquecerei
  E
A noite linda de luar
B7
Lua testemunha tão vulgar

Bm   **E7**   **A**
Lembro de você e fico triste
 Am   **E**
Até me dá vontade de chorar

De lembrar que o amor
    B7
Não mais existe

Não mais existe
            E7
Mas eu sempre hei de te amar

Bm   **E7**   **A**
Lembro de você e fico triste
 Am   **E**
Até me dá vontade de chorar

De lembrar que o amor
    B7
Não mais existe

Não mais existe
            E   **C#m**
Mas eu sempre hei de te amar

  A   **B7**
Oh oh aquele bei__jo
E   **C#m**
Nunca mais esquecerei
A   **B7**
O beijo que te de__i

Instrumental: **E C#m A B7 E B7**

Lembro de você e fico triste *(etc.)*

© Copyright 1965 by EMI SONGS DO BRASIL EDIÇÕES MUSICAIS LTDA.
Todos os direitos autorais reservados para todos os países. All rights reserved.

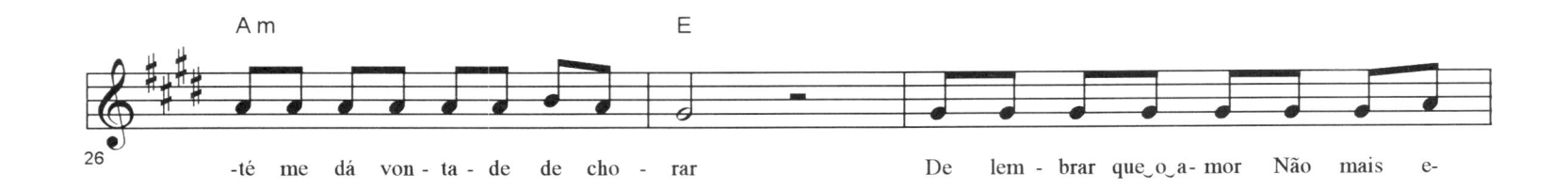

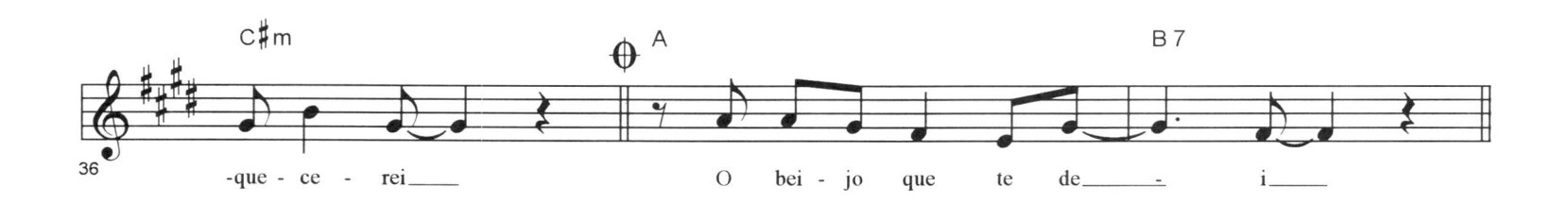

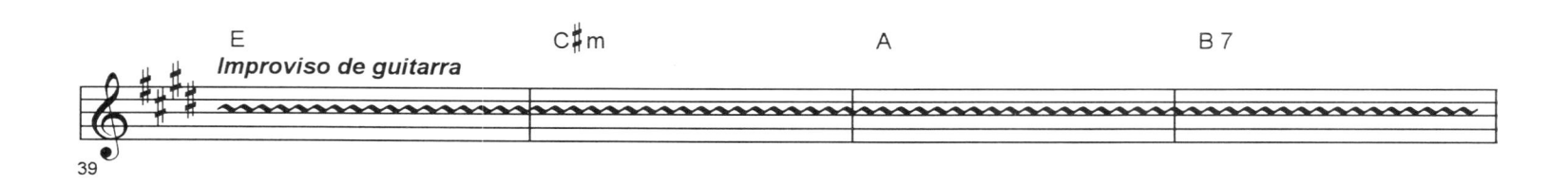

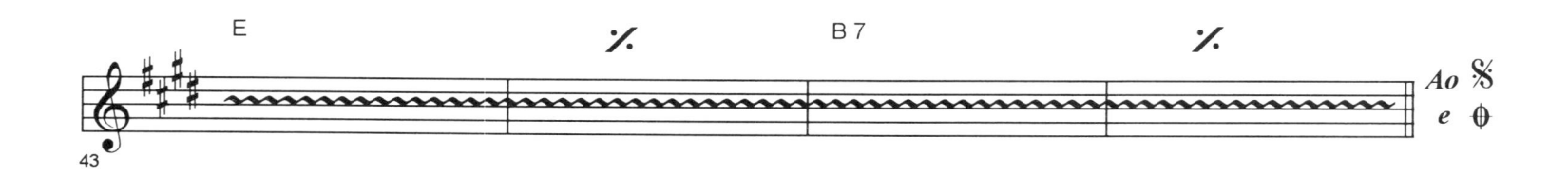

-té me dá von-ta-de de cho-rar De lem-brar que o a-mor Não mais e--xis-te Não mais e-xis-te Mas eu sem-pre hei de te a-mar

Oh oh a-que-le bei-jo Nun-ca mais es--que-ce-rei O bei-jo que te de-i

Improviso de guitarra

Ao e

Nun-ca mais es-que-ce-rei O bei-jo que te de-i

Fade out

Quando

ROBERTO CARLOS

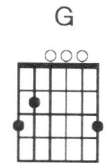

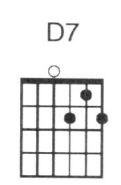

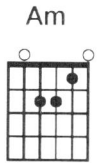

[Chord diagrams: G, D7, Bm, Am, G7, C]

Introdução: **G**

G   **D7**
Quando você se separou de mim
                  G
Quase que a minha vida te_ve fim
    Bm **Am**   **D7**
Sofri chore_i tanto que nem sei
Am   **D7**   **G**
Tudo o que chorei por você
       D7
Por você oh! oh! oh!

G   **D7**
Quando você se separou de mim
               G
Eu pensei que ia até morrer
      Bm **Am**   **D7**
Depois lute_i tanto pra esquecer
Am   **D7**   **G**
Tudo que passei com você
     D7   **G** **G7**
Com você, com você

  C
E mesmo assim ainda
                    G
Eu não vou dizer que já te esqueci
  D7
Se alguém vier me perguntar
  G   **G7**
Nem mesmo sei que vou falar

  C
Eu posso até dizer
                       G
Ninguém te amou o tanto quanto eu te amei
D7
Mas você não mereceu
         G   **D7**
O amor que eu te dei oh, oh, oh

G   **D7**
Quando você se separou de mim
                  G
Quase que a minha vida te_ve fim
        Bm **Am**   **D7**
Agora eu nem quero lembrar
Am   **D7**   **G**
Que um dia eu te amei
      D7   **G**
Eu sofri e chorei
        D7   **G**
Eu te amei e chorei

Instrumental: **G D7 G Bm Am D7**
                Am D7 G D7 G

E mesmo assim ainda eu não vou *(etc.)*

FINAL: E chorei, por você, eu chorei *(fade out)*

Quando

ROBERTO CARLOS

♩ = 127

Quan-do vo-cê se se-pa-rou ___ de mim ___ Qua-se que a mi-nha vi-da te-ve fim ___ So-fri / A-go-ra cho-rei e eu tan-to que nem sei / nem que-ro lem-brar ___ Tu-do o que cho-rei ___ / Que um di-a eu por vo-cê ___ Por vo-cê ___ oh! oh! oh! ___ Quan-do vo-cê se se-pa-rou / te a-mei ___ E so-fri ___ de mim ___ Eu pen-sei que i-a a-té mor-rer ___ De-po- -is lu-tei ___ Tan-to pra es-que-cer ___ Tu-do que pas-sei com vo-cê ___ Com vo-cê ___ com vo-cê ___

E mes-mo as-sim a-in-da eu não vou di-zer que já te es-que-ci Se al-

©Copyright by EDIÇÕES EUTERPE LTDA.
Todos os direitos autorais reservados para todos os países. All rights reserved.

-guém vi - er me per - gun - tar   Nem mes - mo sei que vou fa - lar   Eu

pos - so a té di - zer   Nin - guém te a - mou o tan - to quan - to eu te a - mei

Mas vo - cê não me - re - ceu   O a - mor___ que eu te dei___ oh! oh!_ oh!___

Ao 𝄋 e ⊕
Ao 𝄋 (2ª letra) e ⊕2

___ e cho - rei___   Eu_ te a - me - ei___ e cho_- rei___

Órgão

___ e cho__ - rei___   Por vo - cê___ eu cho__ - rei___

Ao 𝄋 2

Fade out

Os seus botões

ROBERTO CARLOS e
ERASMO CARLOS

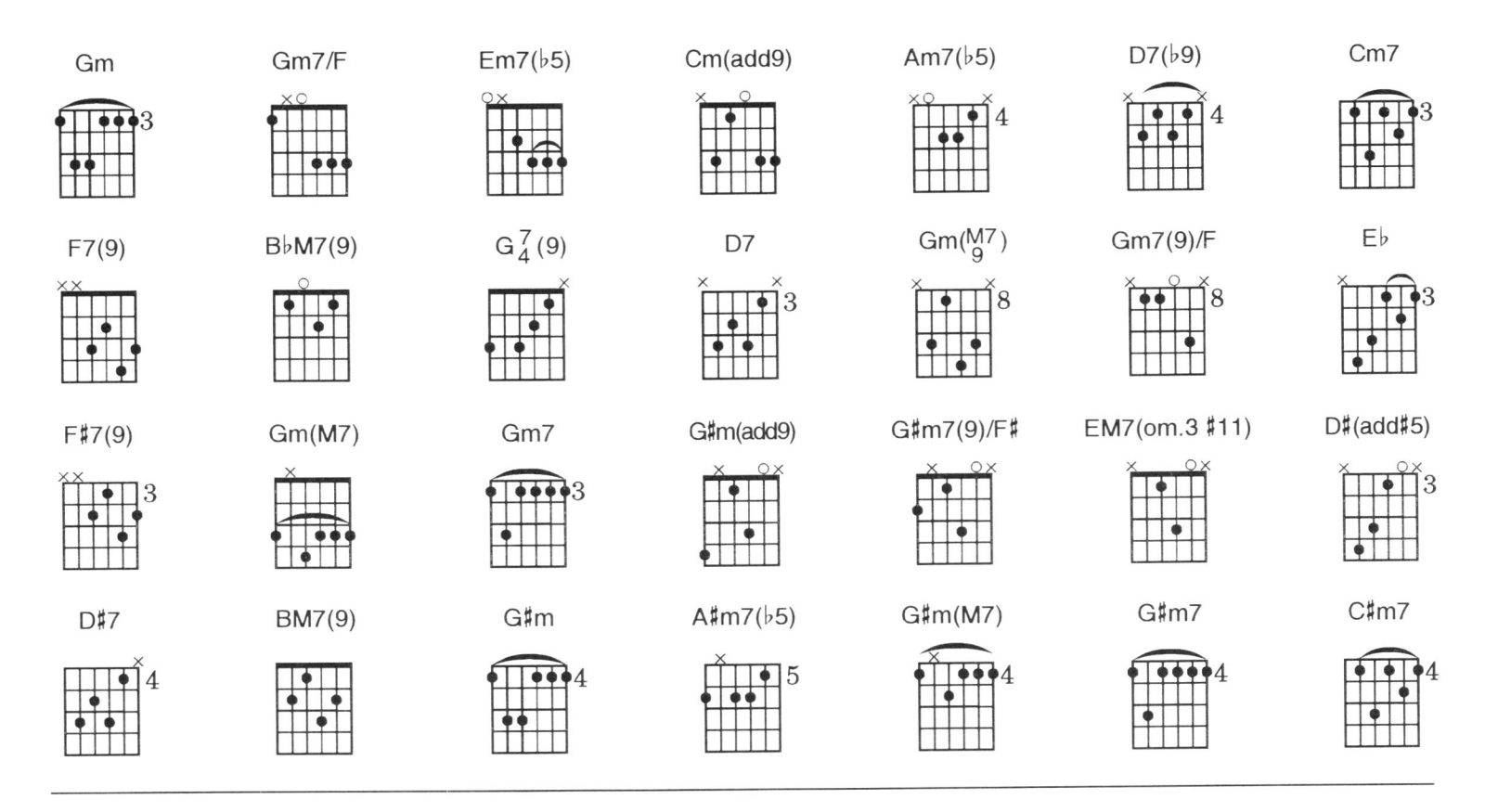

[Chord diagrams: Gm, Gm7/F, Em7(♭5), Cm(add9), Am7(♭5), D7(♭9), Cm7, F7(9), B♭M7(9), G7/4(9), D7, Gm(M7/9), Gm7(9)/F, E♭, F#7(9), Gm(M7), Gm7, G#m(add9), G#m7(9)/F#, EM7(om.3 #11), D#(add#5), D#7, BM7(9), G#m, A#m7(♭5), G#m(M7), G#m7, C#m7]

Introdução: **Gm Gm7/F Em7(♭5) Cm(add9) Am7(♭5) D7(♭9) D7 Gm**

       Cm7 F7(9)   **B♭M7**
Os botões da blusa   que você usava
      Am7(♭5) D7(♭9)   D7   **Gm**
E meio confusa   desabotoava
       Cm7 F7(9)   **B♭M7(9)**
Iam pouco a pouco   me deixando ver
    Am7(♭5) D7(♭9) D7   **Gm G7(4 9) Gm G7(4 9)**
No meio de tudo   um pouco de você

Gm   **Cm7 F7(9)**   **B♭M7(9)**
Nos lençóis macios   amantes se dão
      Am7(♭5) D7(♭9) D7   **Gm(M7 9) Gm7(9)**
Travesseiros soltos   roupas pelo chão
     Cm7   **F7(9)**   **B♭M7(9)**
Braços que se abraçam   bocas que murmuram
   E♭   **D7**
Palavras de amor enquanto se procuram

      Cm7 F7(9)   **B♭M7(9) Gm**
Chovia lá fora   e a capa pendurada
     Am7(♭5) D7   **Gm Gm(M7)**
Assistia tudo   e não dizia nada
Gm7   **Cm7 F7(9)**   **B♭M7(9) Gm**
E aquela blusa que você usava
      Am7(♭5) D7   **Gm G7(4 9) Gm G7(4 9) Gm**
Num canto qualquer   tranquila esperava

Instrumental: **Cm7 F7(9) B♭M7(9) Gm Am7(♭5)**
              D7(♭9) D7 Gm Cm7 F7(9)
            B♭M7(9) Gm Am7(♭5) D7(♭9) D7

Nos lençóis macios *(etc.)*

D7   **C#m7 F#7(9)**   **BM7(9) G#m**
    Chovia lá fora   e a capa pendurada
        A#m7(♭5) D#7   **G#m G#m(M7)**
    Assistia tudo   e não dizia nada
  G#m   **C#m7 F#7(9)**   **BM7(9) G#m**
    E aquela blusa que você usava
          A#m7(♭5) D#7
    Num canto qualquer
          G#m(add9)
    Tranquila esperava

G#m7(9)/F# EM7(no3 #11) D(add#5)   **G#m(add9)**
                                  Tranquila esperava
                                  (fade out)

Os botões da blusa que você usava
E meio confusa desabotoava
I-am pouco a pouco me deixando ver
No meio de tudo um pouco de você

Nos lençóis macios amantes se dão
Travesseiros soltos roupas pelo chão
Braços que se a-

C m7 F 7(9) B♭M7(9)
-bra - çam bo - cas que mur - mu - ram Pa - la - vras de‿a -
E♭ D 7
-mor en - quan - to se pro - cu - ram
D 7 C m7 F 7(9) B♭M7(9)
Cho - vi - a lá fo - ra e‿a ca - pa pen - du - ra - da
G m A m7(♭5) D 7 G m G m(M7) G m7
as - sis - ti - a tu - do e não di - zi - a na - da E a - que - la
C m7 F 7(9) B♭M7(9) G m A m7(♭5)
blu - sa que vo - cê u - sa - va Num can - to qual quer
D 7 G m G7/4(9) G m G7/4(9) G m
Instrumental
tran - qui - la es - pe - ra - va
C m7 F 7(9) B♭M7(9) G m A m7(♭5)
D 7(♭9) D 7 G m C m7 F 7(9) B♭M7(9)

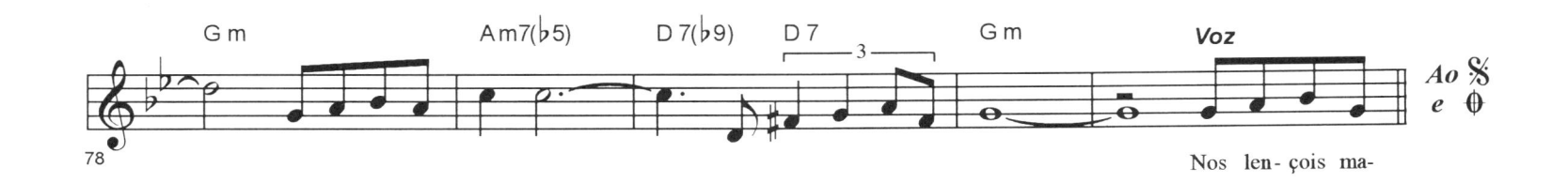

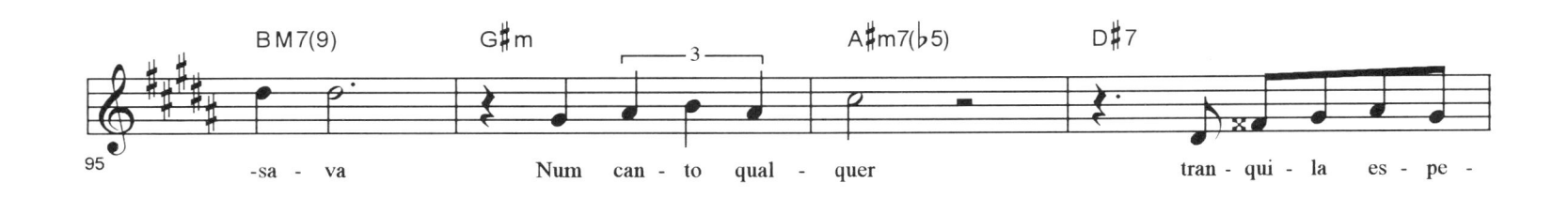

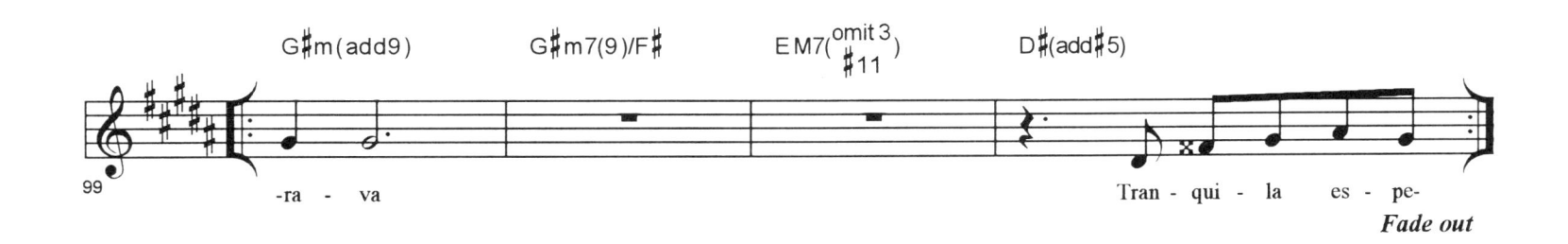

Nos len- çois ma-
Cho - vi - a lá fo - ra___ e a ca- pa pen- du-
-ra - da As - sis - ti - a tu - do e não di - zi - a
na - da E a - que - la blu - sa que vo - cê u -
-sa - va Num can - to qual - quer tran - qui - la es - pe-
-ra - va Tran - qui - la es - pe-

Fade out

A montanha

ROBERTO CARLOS e
ERASMO CARLOS

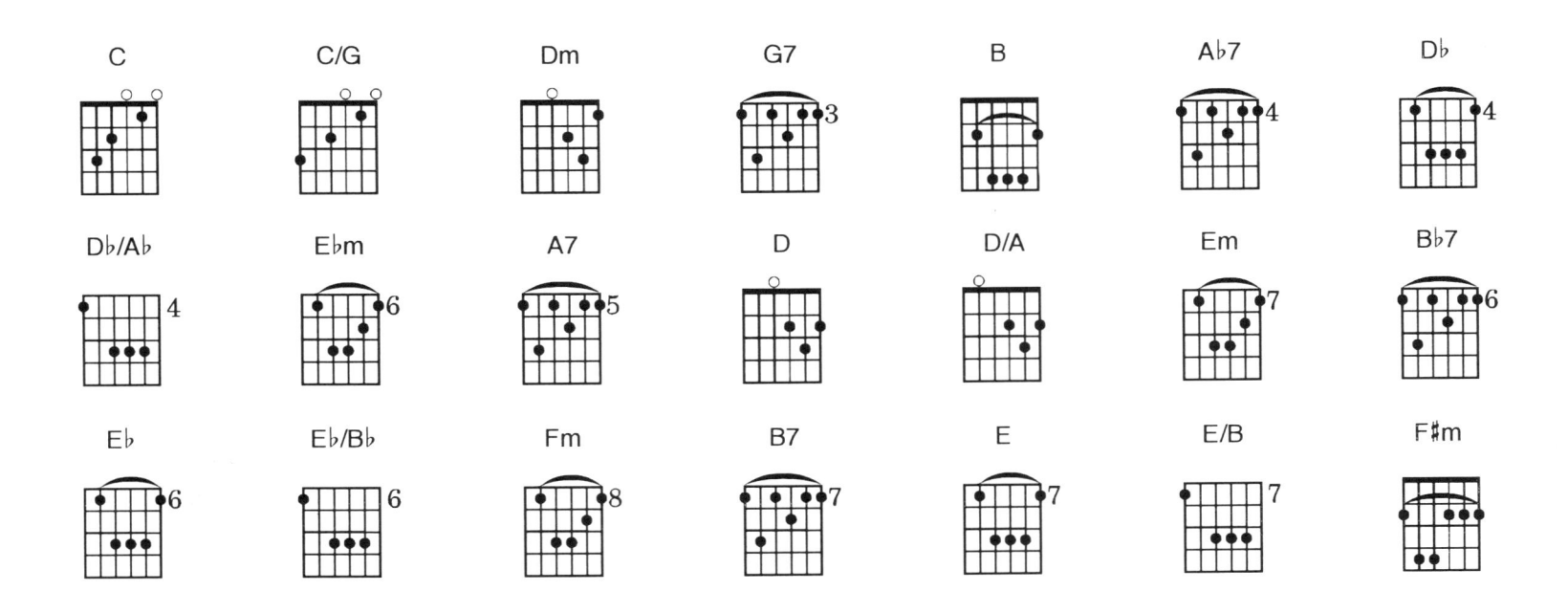

Introdução 3 vezes: **C C/G**

          C *(alternando baixo na 5ª)*
Eu vou seguir uma luz lá no alto eu vou ouvir

               Dm
Uma voz que me chama eu vou subir

G7   **C   B   C**
A montanha e ficar bem mais perto de Deus e rezar

   C
Eu vou gritar para o mundo me ouvir e acompanhar

             Dm
Toda a minha escalada e ajudar

G7   **C   B   C**
A mostrar como é o meu grito de amor e de fé

      C *(alternando baixo na 5ª)*
Eu vou pedir que as estrelas não parem de brilhar

                 Dm
E as crianças não deixem de sorrir

G7   **C   A♭7**
E que os homens jamais se esqueçam de agradecer

         D♭ *(alternando baixo na 5ª)*
Por isso eu digo: obrigado Senhor por mais um dia

                  E♭m
Obrigado senhor que eu posso ver

   A♭7   **D♭ A7**
Que seria de mim sem a fé que eu tenho em Você

            D *(alternando baixo na 5ª)*
Por mais que eu sofra obrigado Senhor mesmo que eu chore

               Em
Obrigado Senhor por eu saber

   A7   **D   B♭7**
Que tudo isso me mostra o caminho que leva a Você

        E♭ *(alternando baixo na 5ª)*
Mais uma vez obrigado Senhor por outro dia

               Fm
Obrigado Senhor que o sol nasceu

B♭7   **E♭ A7 B♭7**
Obrigado Senhor agradeço obrigado Senhor

         E♭ *(alternando baixo na 5ª)*
Por isso eu digo: obrigado Senhor pelas estrelas

             Fm
Obrigado Senhor pelo sorriso

B♭7   **E♭ B7**
Obrigado Senhor agradeço, obrigado Senhor

         E *(alternando baixo na 5ª)*
Mais uma vez obrigado Senhor por um novo dia

          F#m
Obrigado Senhor pela esperança

B7   **E B♭7 B7**
Obrigado Senhor agradeço obrigado Senhor

           E *(alternando baixo na 5ª)*
Por isso eu digo: obrigado Senhor pelo sorriso

          F#m
Obrigado Senhor pelo perdão

B7   **E B♭7 B7**
Obrigado Senhor agradeço obrigado Senhor

           E *(alternando baixo na 5ª)*
Mais uma vez obrigado Senhor pela natureza

         F#m
Obrigado Senhor por tudo isso *(fade out)*

♩ = 92
Intro
C C/G simile C C C/G simile
Voz
3X
Eu vou se - guir u - ma luz lá no al - to_eu vou ou - vir U - ma voz que me cha - ma_eu vou su - bir A mon - ta - nha_e fi - car bem mais per - to de Deus e re - zar
-tar pa - ra_o mun - do me_ou - vir e_a - com - pa - nhar To - da mi - nha_es - ca - la da_e a - ju - dar A mos - trar co - mo é o meu gri - to de_a - mor e de fé
-dir que_as es - tre - las não pa - rem de bri - lhar E_as cri - an - ças não dei - xem de sor - rir E que_os ho - mens ja - mais se es - que - çam de a - gra - de-
Dm G7
C B C
1.e 2.
Eu vou gri- Eu vou pe-
3. C
A♭7
-cer Por is - so_eu di - go
D♭ D♭/A♭
Coro
o - bri - ga - do Se - nhor
Voz solo
por mais um di - a
Coro
D♭ D♭/A♭
O - bri - ga - do Se - nhor
Voz solo
E♭m A♭7
que_eu pos - so ver Que se - ri a de mim sem a fé que eu te - nho_em Vo - cê
D♭

Por mais que eu sofra O-bri-ga-do Senhor___ mes-mo que eu cho-re O-bri-ga-do Senhor___ por eu saber Que tu-do is-so me mos___-tra o ca-mi-nho que le___-va a Vo-cê Mais u-ma vez o-bri-ga-do Senhor___ por ou-tro di-a___ O-bri-ga-do Senhor___ que o sol nas-ceu O-bri-ga-do Senhor___ a-gra-de-ço o-bri-ga___-do Se-nhor Por is-so eu di-go o-bri-ga-do Senhor___ pe-las es-tre-las O-bri-

-ga - do Senhor____ pe - lo sor - ri - so   O - bri - ga - do Senhor____

____ a - gra - de - ço o - bri - ga____ - do Se -

-nhor   Mais u - ma vez
                        di - go
                        vez

Coro   **Recitado**
o - bri - ga - do Se - nhor____   por um no - vo di____ - a
                                        pe - lo sor - ri - so
                                        pe - la na - tu - re - za

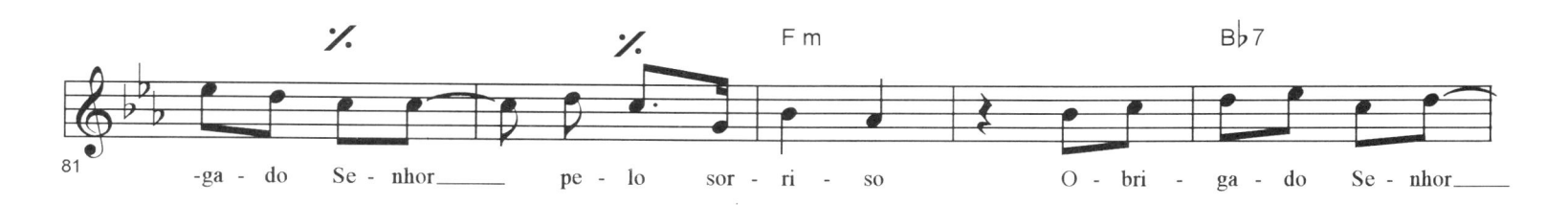

O - bri - ga - do Se - nhor____   pe - la es - pe - ran____ - ça
                                   pe - lo per - dão
                                   por tu - do is - so

O - bri - ga - do Senhor____ a - gra - de - ço o - bri - ga___

____ -do Se - nhor   Por is - so eu
                     Mais u - ma
                     Fade out

Como vai você

ANTONIO MARCOS e
MARIO MARCOS

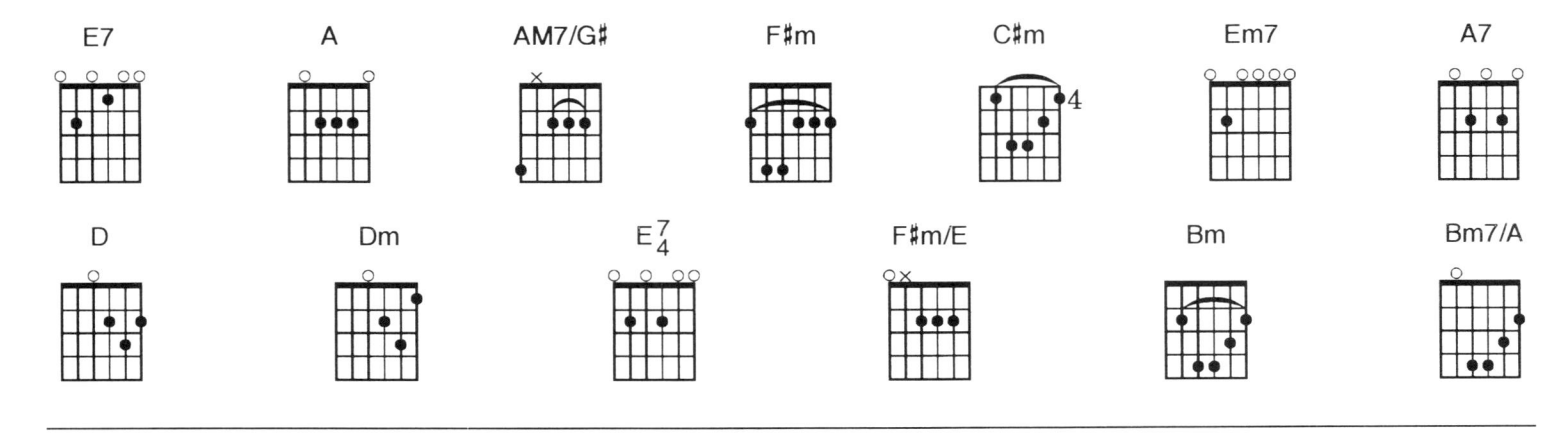

E7   A   AM7/G#   F#m   C#m   Em7   A7

D   Dm   E7(4)   F#m/E   Bm   Bm7/A

```
   E7         A    AM7/G#   F#m
Como vai você
             C#m            Em7
Eu preciso saber    da sua vida
       A7
Peça a alguém pra me contar
    D         Dm
Sobre o seu dia
              E7(4)        E7
Anoiteceu e eu preciso  só saber
     A          AM7/G#   F#m
Como vai você
             C#m           Em7
Que já modificou    a minha vida
      A7               D         Dm
Razão de minha paz  já esquecida
                      E7(4)       E7
Nem sei se gosto mais de mim   ou de você
   A
Vem que a sede de te amar
   AM7/G#    F#m
Me faz melhor
```

```
                       F#m/E   D
Eu quero amanhecer ao seu redor
                Bm    Bm/A    E7
Preciso tanto me fazer feliz

   A
Vem que o tempo
      AM7/G#    F#m
Pode afastar nós dois
                       F#m/E    D
Não deixe tanta vida pra depois
          Bm           E7
Eu só preciso saber
            A
Como vai você
```

Instrumental: **F#m C#m Em7 A7 D Dm E7(4) E7**

Como vai você que já modificou (etc.)

Instrumental: **A AM7/G# F#m F#m/E D Bm E7** (Fade out)

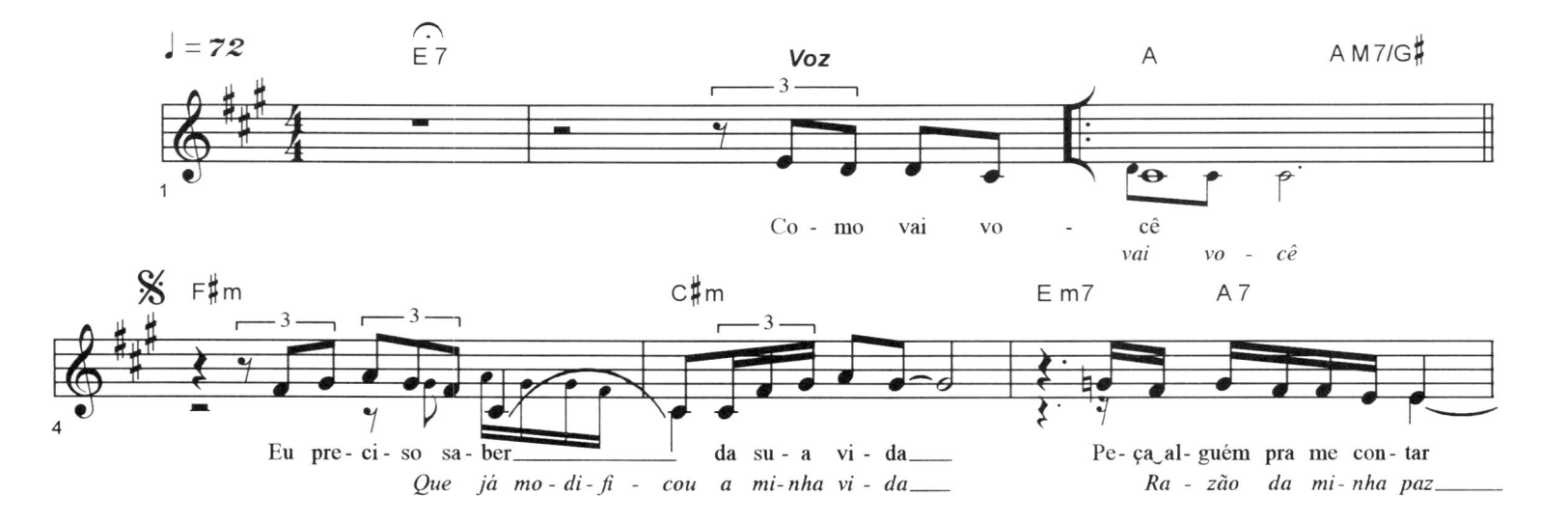

♩ = 72

Co - mo vai vo - cê
vai vo - cê

Eu pre - ci - so sa - ber___ da su - a vi - da___ Pe - ça al - guém pra me con - tar
Que já mo - di - fi - cou a mi - nha vi - da___ Ra - zão da mi - nha paz___

©Copyright by EDITORA MUSICAL BMG ARABELLA LTDA.
Todos os direitos autorais reservados para todos os países. All rights reserved.

so bre o seu di a / já esquecida
Anoiteceu e eu preciso / Nem sei se gosto mais de mim
só saber / ou de você
Como
Vem que a sede de te amar Me faz melhor Eu quero amanhecer ao seu re-
Vem que o tempo pode afastar nós dois Não deixe tanta vida pra de-
dor Preciso tanto me fazer feliz
-pois Eu só pre-
-ciso saber Como vai você

Instrumental

Como vai você

Solo instrumental
-cê

Fade out

É meu, é meu, é meu

ROBERTO CARLOS e
ERASMO CARLOS

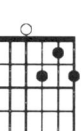

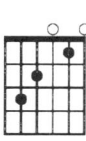

G   D7   C

Introdução: **G**

G   **D7**   **G**
Tudo que é seu meu bem também pertence a mim
               D7   **G**
Vou dizer agora tudo do princípio ao fim
C   **G**   **C**   **G**
Da sua cabeça até a ponta do dedão do pé
C   **G**   **D7**   **G**
Tudo que é seu meu bem é meu, é meu, é meu
 D7   **G D7 G D7 G**
É meu, é meu, é meu

               D7   **G**
A começar pelo cabelo que coisa mais linda
               D7   **G**
Boca e sorriso igual não encontrei ainda
C   **G**   **C**   **G**
Seus olhinhos que beleza fazem ver com mais certeza
C   **G**   **D7**   **G**
Que tudo que é seu meu bem é meu, é meu, é meu
 D7   **G D7 G D7 G**
É meu, é meu, é meu

               D7   **G**
Bem baixinho em seu ouvido gosto de falar
               D7   **G**
Recostado no seu ombro gosto de sonhar
C   **G**   **C**   **G**
Quando os seus braços me apertam mil idéias me despertam
C   **G**   **D7**   **G**
Tudo que é seu meu bem é meu, é meu, é meu
 D7   **G D7 G D7 G**
É meu, é meu, é meu

               D7   **G**
São suas mãozinhas feitas pra fazer carinho
               D7   **G**
Nada tem mais charme do que o seu joelhinho
C   **G**   **C**   **G**
Seus pezinhos a pisar meu coração que a cantar
C   **G**   **D7**   **G**
Diz que tudo que é seu é meu, é meu, é meu
 D7   **G D7 G D7 G**
É meu, é meu, é meu

               D7   **G**
Não adianta discutir que tudo isso é meu
               D7   **G**
Por isso eu vivo a repetir que é meu, é meu, é meu
C   **G**   **C**   **G**
Tudo que eu falei meu bem e o que eu não falei também
C   **G**   **D7**   **G**
Tudo que você pensar é meu, é meu, é meu
 D7   **G D7**   **G**
É meu, é meu, é meu, é meu, é meu, é meu
 D7   **G D7**   **G**
É meu, é meu, é meu, é meu, é meu, é meu

♩ = 84
Intro
Solo de gaita
Voz
G
Tu - do que é seu meu bem tam -
D7 G
-bém per - ten - ce a mim
Vou di - zer a - go - ra tu - do
D7 G C G C
do prin - cí - pio ao fim
Da su - a ca - be - ça a - té a pon - ta do de -
G C G D7
-dão do pé
Tu - do que é seu meu bem é meu é meu é meu
G D7 G
É meu é meu é meu
G D7 G
Improviso de gaita
1.
2.
Voz
A co - me - çar pe-
São su - as mão-
D7 G
-lo ca - be - lo que coi - sa mais lin - da
-zi - nhas fei - tas pra fa - zer ca - ri - nho
Bo - ca e sor - ri - so i - gual não
Na - da tem mais char - me que

34. en - con - trei a - in - da___ Seus o - lhi - nhos que be - le - za___
o seu jo - e - lhi - nho___ Seus pe - zi - nhos a pi - sar meu

38. fa - zem ver com mais cla - re - za___ Que tu - do que é seu meu bem___ é___
co - ra - ção que a can - tar___ Diz que tu - do que é seu___ é___

42. meu é meu é meu___ é meu é meu é meu___

46. *Improviso de gaita* | *Voz* Bem bai - xi - nho em seu ou - vi - do___
Não a - di - an - ta dis cu - tir que

52. gos - to de fa - lar___ Re - cos - ta - do no seu om - bro
tu - do is - so é meu___ Por is - so vi - vo a re - pe - tir que é

56. gos - to de so - nhar___ Quan - do os seus bra - ços me a - per - tam
meu é meu é meu___ Tu - do que eu fa - lei meu bem___ e

60. mil i - déi - as me des - per - tam Tu - do o que é seu meu bem___ é___ meu é meu é meu
o que eu não fa - lei tam - bém___ Tu - do que vo - cê pen - sar___ é

65. É meu é meu é meu___   Ao 𝄋 e 𝄌

68. É meu é meu é meu___

Fade out

Ciúme de você

LUIZ AYRÃO

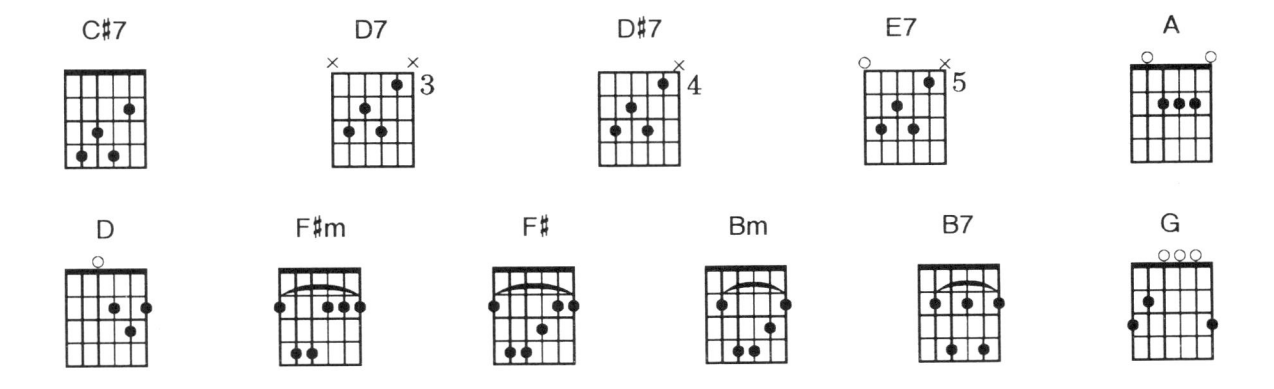

Introdução: **C#7 D7 D#7 E7**

Se você ^A demora ^D mais um ^A pouco
^A Eu fico louco ^D esperando por ^{E7} você
^A E digo que não me preocu^{F#m}__pa
Procuro uma ^D desculpa mas que todo mundo ^{E7} vê

Que é ciú^A__me, ciúme de ^{F#m} você
Ciúme de ^D você,   ciúme de ^{C#7 D7 D#7 E7} você

Se você ^A põe ^D aquele seu ^A vestido ^{E7}
^A Lindo, e al^Dguém olha pra ^{E7} você
^A Eu digo que já não gosto de^{F#m}__le
Que você não ^D vê que e__le está ficando demodê ^{E7}

Mas é ciú^A__me, ciúme de ^{F#m} você
Ciúme de ^D você,   ciúme de ^{C#7 D7 D#7 E7} você

Esse telefone que ^A não para de tocar
^{E7} Está sempre ocupado quando eu ^A penso em lhe falar
^{F#} Quero então saber logo quem ^{Bm} lhe telefonou
Que dis^{B7}__se, o que queria e o que ^{E7} você falou

Só de ciú^A__me, ciúme de ^{F#m} você
Ciúme de ^D você,   ciúme de ^{C#7 D7 D#7 E7} você

Instrumental: **E7 A E7 A E7 G E7**

Se você ^A me ^D diz que ^A vai sair ^{E7}
^A Sozinha eu ^D não deixo você ^{E7} ir
^A Entenda que o meu cora^{F#m}ção
Tem amor demais ^D meu bem
E essa é a ^{E7} razão

BIS { Do meu ciú^A__me, ciúme de ^{F#m} você
Ciúme de ^D você,   ciúme de ^{E7 C#7 D7 D#7 E7} você

Ciúme de você

LUIZ AYRÃO

♩ = 110

Se você___ de-mo-ra___ mais um pou-co___ Eu fi-co lou-co___ es-pe-ran-do___ por vo-cê___ E di-go que não me pre-o-cu-pa Pro-cu-ro u-ma des-cul-pa mas que to-do mun-do vê___ Que é ci-ú-me ci-ú-me de vo-cê___ Ci-ú-me de vo-cê___ ci-ú-me de vo-cê___

Se você___ põe a-que-le seu ves-ti-do___ Lin-do___ e al-guém o-lha pra vo-cê___ Eu

Se você___ me diz que vai sa-ir___ So-zi-nha___ eu não dei-xo você ir___ En-

©Copyright 1968 by EMI SONGS DO BRASIL EDIÇÕES MUSICAIS LTDA.
Todos os direitos autorais reservados para todos os países. All rights reserved.

di-go que já não gos-to de-__le Que vo-cê não vê que e-__le_es-tá fí-can-do de mo-dê__ Mas é ci-ú-
-ten-da que o meu co-ra-ção____ Tem a-mor de-mais__ meu bem e es-sa_é a ra-zão Do meu

__-me ci-ú-me de vo-cê____ Ci-ú-me de vo-cê____ ci-ú-me de vo-cê____

Es-se te-le-fo-__ne que não pa-ra de to-car__ Es-tá sem-pre_o-cu-pa-__do quan-do_eu

pen-so_em lhe fa-lar__ Que-ro_en-tão sa-ber__ lo-go quem lhe te-le-fo-nou__ Que dis-

__se_o que que-ri-__a e o que vo-cê fa-lou__ Só de ci-ú-__ me ci-ú-me de vo-cê__

Ci-ú-__ me de vo-cê____ ci-ú-__ me de vo-cê____

Sax

Do meu ci-ú-__ me ci-ú-me de vo-cê____ Ci-ú-me de vo-cê____ ci-ú-me de vo-cê____

Esqueça

MARC ANTHONY e
ROBERTO CORTE REAL

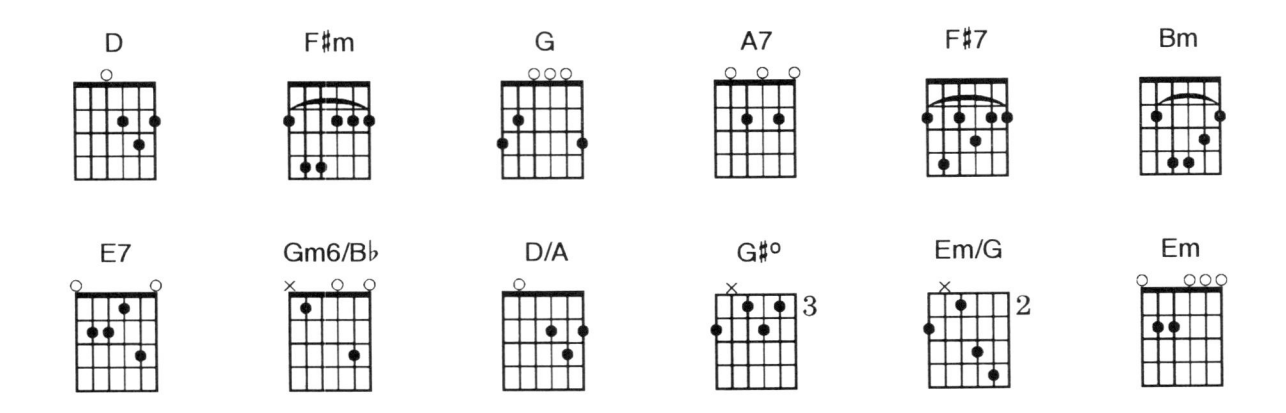

[Chord diagrams: D, F#m, G, A7, F#7, Bm, E7, Gm6/Bb, D/A, G#°, Em/G, Em]

Introdução: **D F#m G A7**

D   **F#m**
Esqueça se ele não te a__ma
G   **A7**
Esqueça se ele não te quer
F#7   **Bm**
Não chore mais não sofra assim
     E7   **A7**
Porque posso te dar amor sem fim

D   **F#m**
Ele não pensa em querer-te
G   **F#7**
Te faz sofrer e até chorar
Bm   **Gm6/Bb**   **D/A**
Não chore mais vem pra mim vem
    G#°   **Em/G**
Não sofra não pense
    A7   **D Bm Em A7**
Não chore mais meu bem

Instrumental: **D F#m G A7 F#7 Bm E7 A7**

Ele não pensa em querer-te *(etc.)*

FINAL:
    A7   **D   G   D**
Não chore mais meu bem

♩ = 128
Intro
D
Órgão
F♯m
G
A 7
D
Voz
F♯m
Es - que - ça se e - le não te a - ma
G
A 7
Es - que - ça se e - le não te quer
F♯7
B m
Não cho - re mais não so - fra as - sim Por-
E 7
A 7
-que pos - so te dar a - mor sem fim
D
F♯m
G
E - le não pen - sa em que - rer - te Te faz so - frer
F♯7
B m
G m6/B♭
e a - té cho - rar uh oh oh Não cho - re mais vem pra

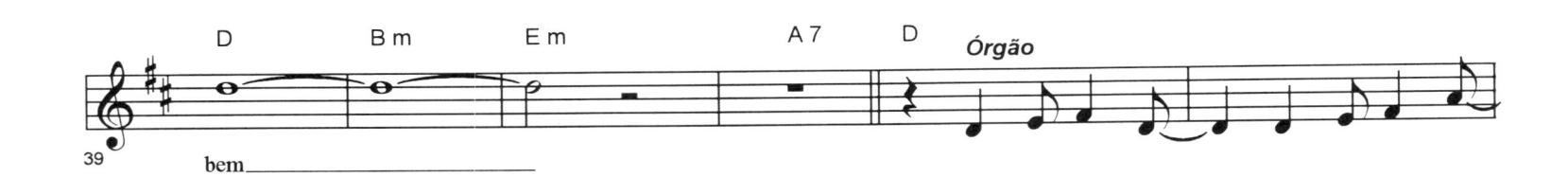

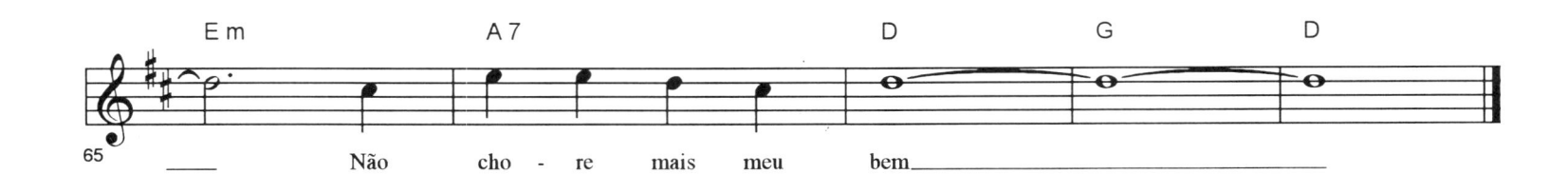

mim vem__ Não so - fra__ não pen - se__ Não cho - re mais meu

bem_____

Órgão

bem_____ Não cho - re mais meu bem_____

__ Não cho - re mais meu bem_____

Detalhes

ROBERTO CARLOS e
ERASMO CARLOS

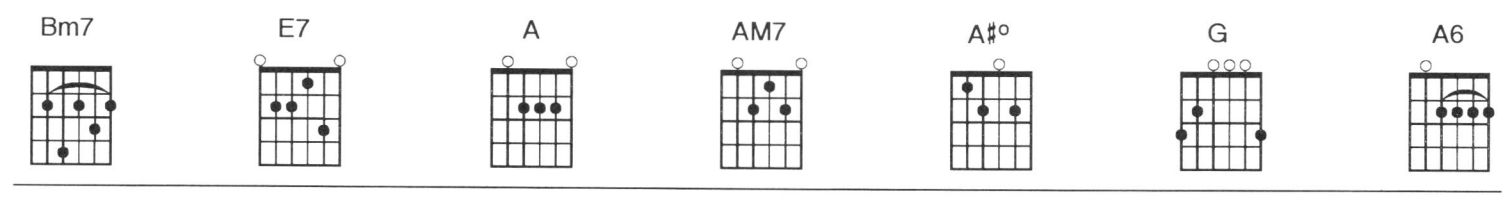

Bm7   E7   A   AM7   A#°   G   A6

Introdução: **Bm7 E7 A AM7 A AM7 A#°**

Bm7   **E7**
Não adianta nem tentar
A **AM7** **A AM7 A#°**
Me esquecer
Bm7   **E7**
Durante muito tempo em sua vida
A **AM7** **A AM7 A#°**
Eu vou viver
Bm7 E7   **Bm7** **E7**
Detalhes tão pequenos de nós dois
A AM7
São coisas muito grandes
  A   **A#°**
Pra esquecer
Bm7   **G**
E a toda hora vão estar presentes
 E7
Você vai ver
Bm7   **E7**
Se um outro cabeludo aparecer
A **AM7** **A AM7 A#°**
Na sua rua
Bm7   **E7**
E isto lhe trouxer saudades minhas
A **AM7** **A AM7 A#°**
A culpa é sua
Bm7 E7 **Bm7** **E7**
O ronco barulhento do seu carro
A AM7   **A**
A velha calça desbotada
 A#°
Ou coisa assim
Bm7 **G** **E7**
Imediatamente você vai lembrar de mim
Bm7   **E7**
Eu sei que um outro deve estar falando
A **AM7** **A AM7 A#°**
Ao seu ouvido
Bm7   **E7**
Palavras de amor como eu falei
A **AM7** **A AM7 A#°**
Mas eu duvido
Bm7 E7 **Bm7** **E7**
Duvido que ele tenha tanto amor
A **AM7** **A** **A#°**
E até os erros do meu português ruim
Bm7 **G** **E7**
E nessa hora você vai lembrar de mim

Bm7   **E7**
A noite envolvida no silêncio
A **AM7** **A AM7 A#°**
Do seu quarto
Bm7   **E7**
Antes de dormir você procura
A **AM7** **A AM7 A#°**
O meu retrato
Bm7   **E7**
Mas da moldura não sou eu quem lhe sorri
A **AM7** **A** **A#°**
Mas você vê o meu sorriso mesmo assim
Bm7 **G** **E7**
E tudo isso vai fazer você lembrar de mim
Bm7   **E7**
Se alguém tocar seu corpo como eu
A **AM7** **A AM7 A#°**
Não diga nada
Bm7   **E7**
Não vá dizer meu nome sem querer
A **AM7** **A AM7 A#°**
A pessoa errada
Bm7   **E7**
Pensando ter amor nesse momento
A **AM7** **A** **A#°**
Desesperada você tenta até o fim
Bm7 **G** **E7**
E até nesse momento você vai lembrar de mim
Bm7   **E7**
Eu sei que esses detalhes vão sumir
A **AM7** **A AM7 A#°**
Na longa estrada
Bm7   **E7**
Do tempo que transforma todo amor
A **AM7** **A AM7 A#°**
Em quase nada
Bm7 E7   **Bm7** **E7**
Mas quase também é mais um detalhe
A **AM7** **A** **A#°**
Um grande amor não vai morrer assim
 Bm7 **G** **E7**
Por isso de vez em quando você vai vai lembrar de mim

Bm7   **E7**
Não adianta nem tentar
A **AM7** **A6 A#°**
Me esquecer
Bm7   **E7**
Durante muito muito tempo em sua vida
A **AM7** **A6 A#°**
Eu vou viver   *(fade out)*

Detalhes

ROBERTO CARLOS e ERASMO CARLOS

♩ = 87

Não a-di-an-ta nem ten-tar me es-que-cer

Du-ran-te mui-to tem-po em su-a vi-da eu vou vi-ver

De-ta-lhes tão pe-que-nos de nós dois

São coi-sas mui-to gran-des Pra es-que-cer E a to-da ho-ra vão es-

-tar pre-sen-tes Vo-cê vai ver Se um ou-tro ca-be-lu-do a-

-pa-re-cer na su-a ru-a E is-to lhe trou-xer sau-

©Copyright 1971 by EMI SONGS DO BRASIL EDIÇÕES MUSICAIS LTDA.
Todos os direitos autorais reservados para todos os países. All rights reserved.

-dades minhas a culpa é sua O ronco barulhento do seu carro A velha calça desbotada ou coisa assim Imediatamente você vai lembrar de mim Eu sei que um outro deve estar falando ao seu ouvido Palavras de amor como eu falei Mas eu duvido Duvido que ele tenha tanto amor E até os erros do meu português ruim E nessa hora você vai lembrar de mim A noite envolvida no silêncio Do seu quarto

| A | AM7 | A#° | Bm7 | | E7 |

An - tes de dor - mir vo - cê pro - cu - ra

| A | AM7 | | A | AM7 | A#° | Bm7 |

o meu re - tra - to   Mas da mol - du - ra não sou

| E7 | | A | AM7 | A | A#° |

eu quem lhe sor - ri   Mas vo - cê vê o meu sor - ri - so mes - mo as - sim

| Bm7 | | G | | E7 | |

E tu - do is - so vai fa - zer vo - cê___ lem - brar de mim___

| Bm7 | | E7 | | A | AM7 |

Se al - guém to - car seu cor - po co - mo eu___ não di - ga na - da

| A | AM7 | A#° | Bm7 | | E7 |

Não vá di - zer meu no - me sem que - rer___

| A | AM7 | | A | AM7 | A#° | Bm7 |

À pes - so - a er - ra - da   Pen - san - do ter a - mor nes -

| E7 | | A | AM7 | | A | A#° |

-se mo - men - to   De - ses - pe - ra - da vo - cê ten - ta a - té o fim

Bm7 G E7 ⁒
E‿a-té nes-se mo-men-to vo-cê vai__ lem-brar de mim__
Bm7 E7 A AM7 A AM7 A♯°
Eu sei que‿es-ses de-ta-lhes vão su-mir__ Na lon-ga‿es-tra-da
Bm7 E7 A AM7 A AM7 A♯°
Do tem-po que trans-for-ma to-do‿a-mor__ Em qua-se na-da
Bm7 E7 ⁒ A AM7
Mas qua-se tam-bém é mais um de-ta-lhe Um gran-de‿a-mor não vai mor-
A A♯° Bm7 G
-rer as-sim__ Por is-so de vez em quan-do vo-cê vai__ vai lem-
E7 ⁒ Bm7
-brar de mim__ Não a-di-an-ta nem ten-
E7 A AM7 A6 A♯° Bm7
-tar me es-que-cer__ Du-ran-te mui-to tem-po‿em
E7 A AM7 A6 A♯°
su-a vi__-da__ eu__ vou vi-ver
Fade out

O taxista

ROBERTO CARLOS e
ERASMO CARLOS

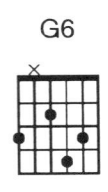

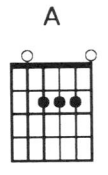

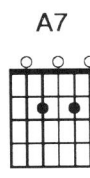

D6/9   D   G6   A   D6   A7

Introdução: **D6 9**

D Saio logo cedo no meu carro, ninguém sabe o meu **G6** destino
A Num aceno eu paro abro a porta e entra alguém sempre ben**D6**vindo
D Elegante ou mal vestido, velho, moço ou até me**G6**nino
A Fecha a porta, diz aonde vai e tudo bem, eu já tô **D6** indo

REFRÃO: Sou taxis**A**__ta, tô na rua tô na pis**D**__ta

Não tô no pal**A**__co mas no asfalto eu sou um artis**D6**__ta

D Ouço todo tipo de conversa, o tempo todo tô li**G6**gado
A Só me meto, dou palpite, dou conselho quando sou cha**D6**mado
D No meu carro ouço histórias, desabafos, risos todo o **G6** ano
A Sou de tudo um pouco nessa vida eu sou um analista ur**D6**bano

Refrão

D O papo é sempre o mesmo pra puxar qualquer assunto a qualquer **G6** hora
A Que trânsito, que chuva, que calor, mas logo mais isso me**D6**lhora
D Tento agradar a todo mundo e trabalhar sempre sor**G6**rindo
A Mas sou um ser humano e só eu sei às vezes o que estou sen**D6**tindo

Refrão (duas vezes)

Instrumental: **A   D   A   A7   D6**

D O cansaço, a solidão aperta o coração na madru**G6**gada
A Mas a missão cumprida me desperta é hora de voltar pra **D6** casa
D Dou graças a Deus, que lindo os filhos e a mulher em paz dor**G6**mindo
A Valeu a hora extra pra com eles ter a folga de do**D6**mingo

Refrão   (fade out)

Sai o logo cedo no meu carro ninguém sabe o meu destino
Num aceno eu paro abro a porta e entra alguém sempre bem-vindo
Elegante ou mal vestido ve...

Ouço todo tipo de conversa o tempo todo tô ligado
Só me meto dou palpite dou conselho quando sou chamado
No meu carro ouço histórias de...

Papo é sempre o mesmo pra puxar qualquer assunto a qualquer hora
Que trânsito que chuva que calor mas logo mais isso melhora
Tento agradar a todo mun...

O cansaço a solidão aperta o coração na madrugada
Mas a missão cumprida me desperta é hora de voltar pra casa
Dou graças a Deus que lindos os fi...

G6 A
-lho mo-ço ou a-té me-ni-no Fe-cha a por-ta diz
-sa-ba-fos ri-sos to-do a-no Sou de tu-do um pou-
-do e tra-ba-lhar sem-pre sor-rin-do Mas sou um ser hu-ma-
-lhos e a mu-lher em paz dor-min-do Va-leu a ho-ra ex-
D6
a-on-de vai e tu-do bem eu já tô in-do
-co nes-sa vi-da eu sou um a-na-lis-ta ur-ba-no
-no e só eu sei às ve-zes o que es-tou sen-tin-do
-tra pra com e-les ter a fol-ga de do-min-go
D6 A D
Sou ta-(c)-xis-ta tô na ru-a tô na pis-ta Não tô no pal-
A (3ª vez) D (1ª e 2ª vez) D6 1. e 2. D6
-co mas no as-fal-to eu sou um ar-tis-ta
(2ª vez) O
3. D A D A
Sou ta-(c)-xis-ta tô na ru-a tô na pis-ta Não tô no pal co mas no as-fal-
D Instrumental A D A A7
-to eu sou um ar-tis-ta
D6 (2ª vez) D D6 A
Ao 𝄋 e 𝄌
Sou ta-(c)-xis-ta tô na ru-
D A D
-a tô na pis-ta Não tô no pal-co mas no as-fal-to eu sou um ar-tis-ta
Fade out

Outra vez

ISOLDA

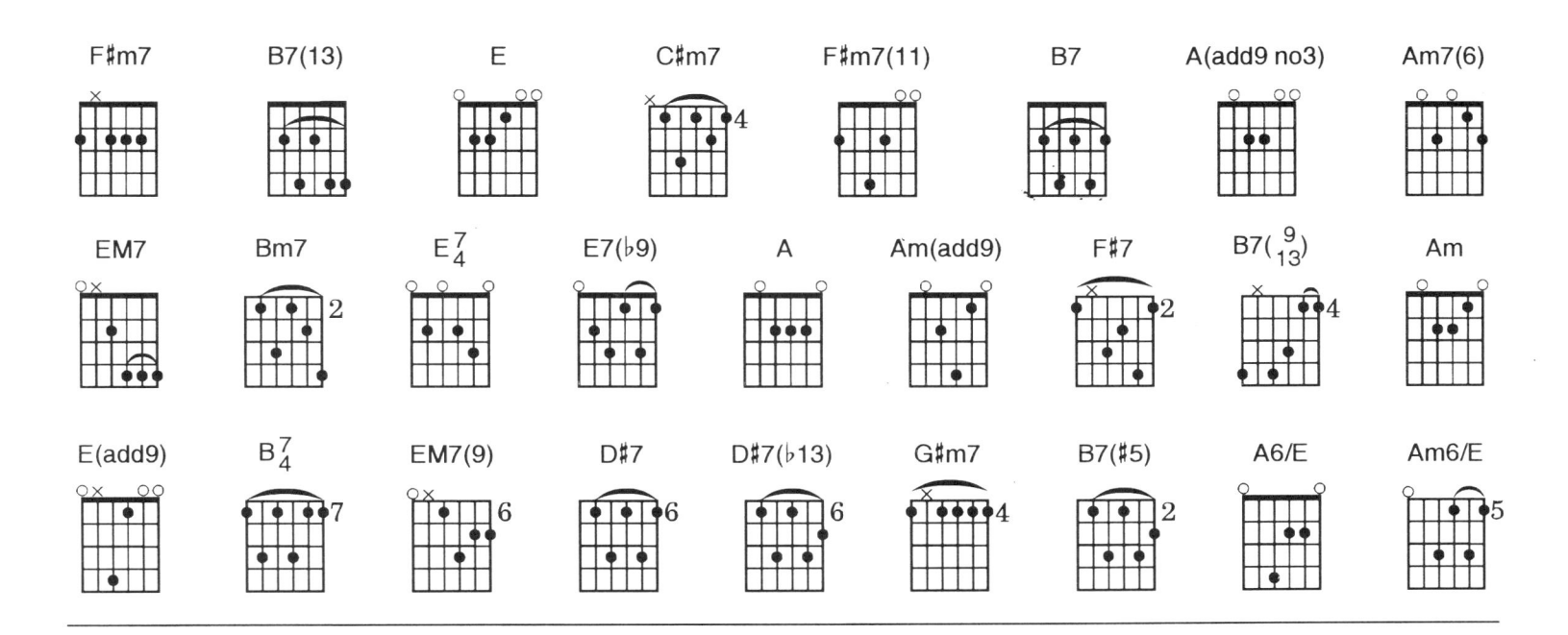

Introdução: **F#m7 B7(13)**

     E   **C#m7**
Você foi o maior dos meus casos
     F#m7(11)   **B7**
De todos os abraços, o que eu nunca esqueci
   A(add9 no3)   **Am7(6)**
Você foi dos amores que eu tive
    E   **EM7**
O mais complicado e o mais simples pra mim
   Bm7   **E7(4)**
Você foi o melhor dos meus erros
E7(b9)   **A**   **Am(add9)**
A mais estranha estória que alguém já escreveu
E
E é por essas e outras
F#7   **B7**   **B7(9 13) B7**
Que a minha saudade faz lembrar de tudo outra vez

     E   **C#m7**
Você foi a mentira sincera
      F#m7(11)   **B7**
Brincadeira mais séria que me aconteceu
   A(add9 no3)   **Am7(6)**
Você foi o caso mais antigo
    E   **EM7**
O amor mais amigo que me apareceu
   Bm7   **E7(4)**
Das lembranças que eu trago na vida
E7(b9)   **A**   **Am**
Você é a saudade que eu gosto de ter
   E
Só assim
    F#7   **B7**   **E(add9)**
Sinto você bem perto de mim outra vez

   B7   **B7(4)**
Esqueci de tentar te esquecer
B7   **E**   **EM7(9)**
Resolvi te querer por querer
   D#7
Decidi te lembrar quantas vezes
  D#7(b13) D#7   **G#m7**   **B7 B7(#5)**
Eu tenha   vontade sem nada perder ai

     E   **C#m7**
Você foi toda a felicidade
      F#m7(11)   **B7**
Você foi a maldade que só me fez bem
   A(add9 no3)   **Am7(6)**
Você foi o melhor dos meus planos
            E   **EM7**
E o maior dos enganos que eu pude fazer
   Bm7   **E7(4)**
Das lembranças que eu trago na vida
E7(b9)   **A**   **Am**
Você é a saudade que eu gosto de ter
   E
Só assim
    F#7   **B7**   **E A6/E Am6/E E**
Sinto você bem perto de mim outra vez

Outra vez

ISOLDA

♩ = 77

Intro — Livre — F#m7 — B7(13) — a tempo — 𝄋 — E

Você foi o maior dos meus
foi a mentira sin-
foi toda a felici-

C#m7 — F#m7(11) — B7

ca-sos De todos os a-braços o que eu nunca esqueci Você
-ce-ra Brincadeira mais séria que me aconteceu Você
-da-de Você foi a maldade que só me fez bem Você

A(add9) no 3 — Am7(6) — E

foi dos amores que eu tive O mais complicado e o mais simples pra
foi o caso mais antigo O amor mais amigo que me apare-
foi o melhor dos meus planos E o maior dos enganos que eu pude fa-

EM7 — Bm7 — E7/4 — E7(b9)

mim Você foi o melhor dos meus erros A mais estranha es-
-ceu (2ª e 3ª) *Das lembranças que eu trago na vida Você é a sau-*
-zer

A — Am(add9) — E

1.
-tó-ria que alguém já escreveu E é por essas e outras

F#7 — B7 — B7(9/13) — B7

Que a minha saudade faz lembrar de tudo outra vez Você

©Copyright by EDITORA MUSICAL BMG ARABELLA LTDA.
Todos os direitos autorais reservados para todos os países. All rights reserved.

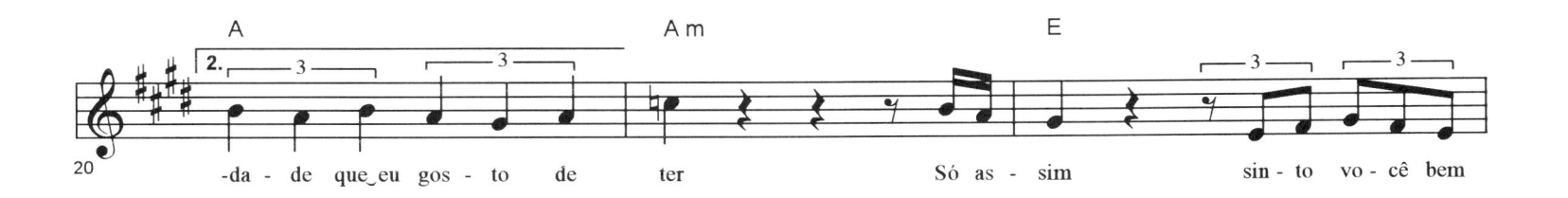

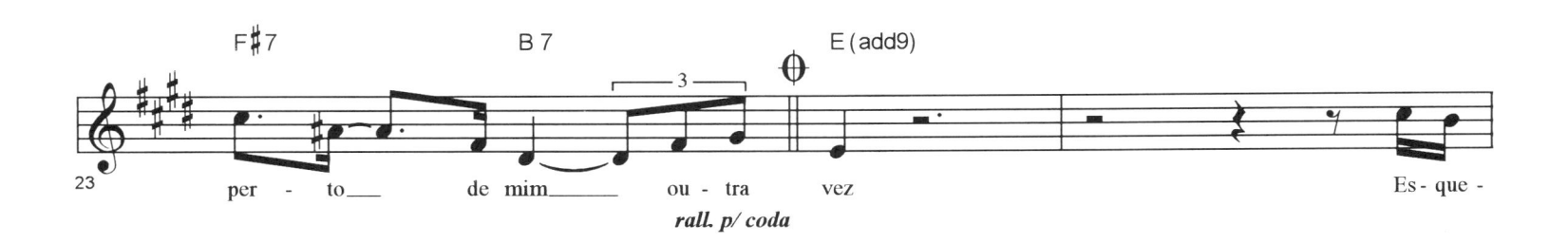

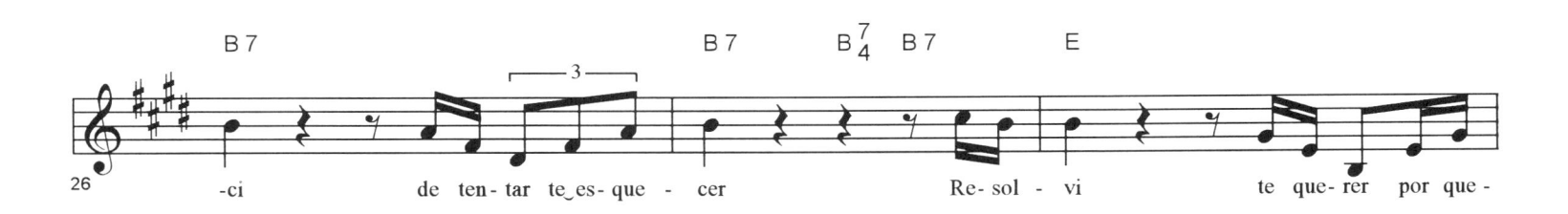

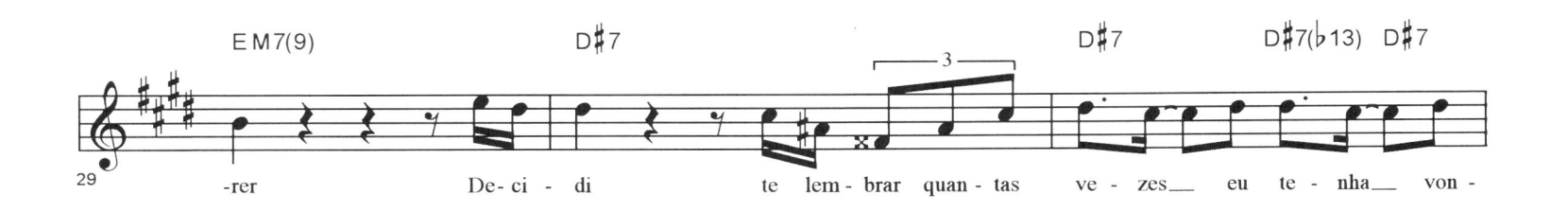

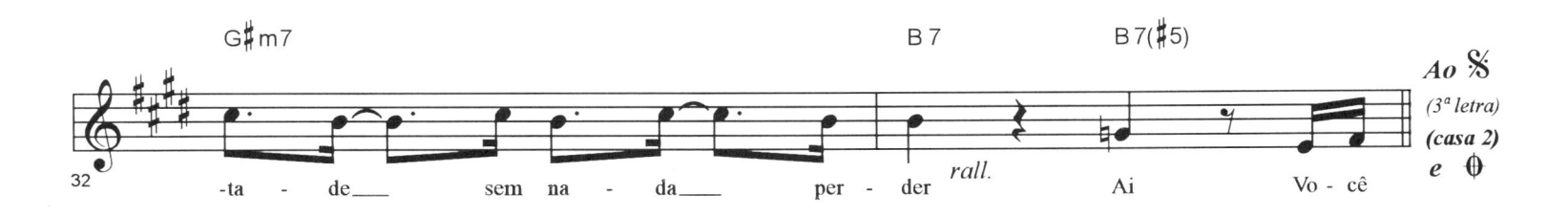

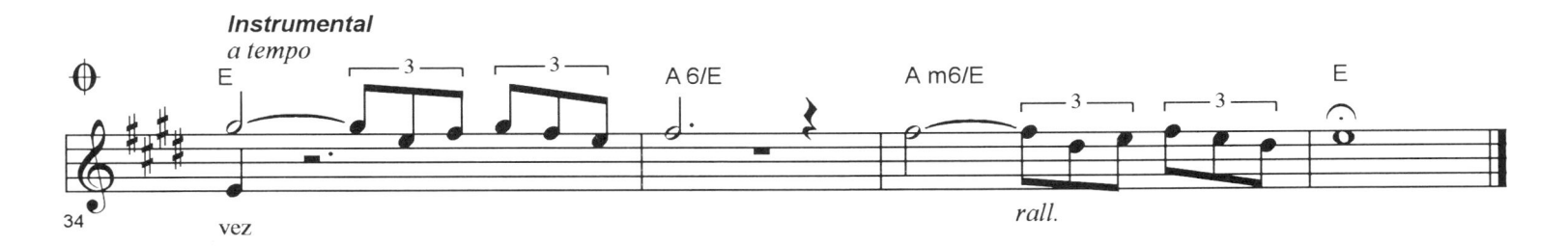

-da - de que eu gos - to de ter Só as - sim sin - to vo - cê bem

per - to__ de mim____ ou - tra vez Es - que-

rall. p/ coda

-ci de ten - tar te es - que - cer Re - sol - vi te que - rer por que-

-rer De - ci - di te lem - brar quan - tas ve - zes__ eu te - nha von-

-ta - de__ sem na - da__ per - der Ai Vo - cê

rall.

Ao %
(3ª letra)
(casa 2)
e

Instrumental
a tempo

vez

rall.

Desabafo

ROBERTO CARLOS e
ERASMO CARLOS

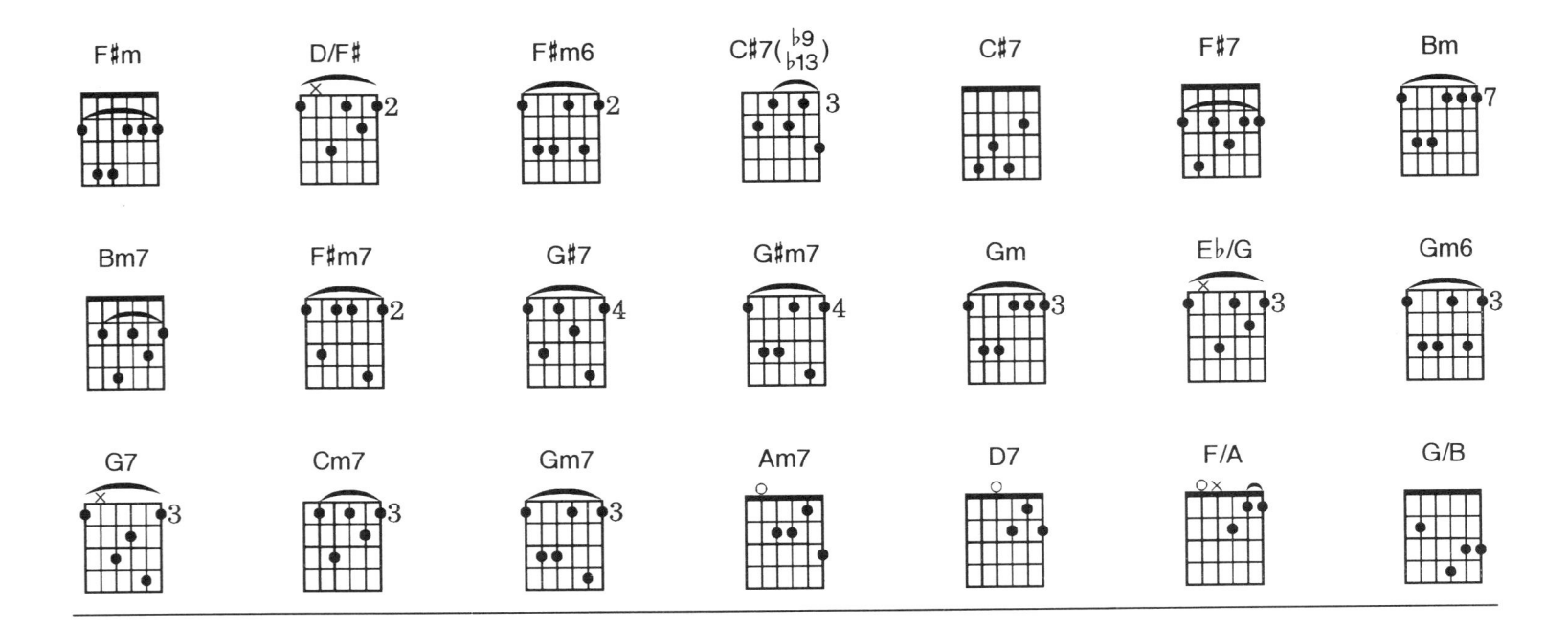

Introdução: **F#m D/F# F#m6 D/F# F#m D/F# F#m6 D/F#**
C#7(b9 b13) C#7

     F#m D/F# F#m6 D/F#
Porque me arrasto aos seus pés
    F#m D/F# F#m6 D/F#
Porque me dou tanto assim
    F#7
E porque não peço em troca
  Bm
Nada de volta pra mim
   Bm7 C#7
Porque é que eu fico calado
  F#m7 F#m6
Enquanto você me diz
  G#7
Palavras que me machucam
  C#7
Por coisas que eu nunca fiz

    F#m D/F# F#m6 D/F#
Porque é que eu rolo na cama
   F#m D/F# F#m6 D/F#
E você finge dormir
  F#7
Mas se você quer eu quero
  Bm
E não consigo fingir
   Bm7 C#7
Você é mesmo essa mecha
   F#m7 F#m6
De branco nos meus cabelos

    G#7 C#7
Você pra mim é uma ponta
    F#m
A mais nos meus pesadelos

   Gm Eb/G Gm6 Eb/G
Mas acontece que eu
   Gm Eb/G Gm6 Eb/G
Não sei viver sem você
   G7
Às vezes me desabafo
   Cm7
Me desespero porque
     D7
Você é mais que um problema
    Gm Gm7 Gm6
É uma loucura qualquer
   Am7 **D7**
Mas sempre acabo em seus braços
  Gm
Na hora que você quer

Instrumental: **Gm Eb/G Gm6 Eb/G Gm Eb/G
Gm6 Eb/G G7 F/A G/B Cm7**

Você é mais que um problema...

FINAL:
    Gm Eb/G Gm6 Eb/G Gm
... Na hora que você quer

♩ = 82
Intro
F♯m D/F♯ F♯m6 D/F♯ C♯7(♭9 ♭13)
C♯7 F♯m D/F♯ F♯m6 D/F♯
Voz
Por- que me‿ar- ras- to‿aos seus pés
ca - ma
Por- que me dou tan- to‿as- -sim
E vo- cê fin - ge dor - -mir
F♯m D/F♯ F♯m6 D/F♯ F♯7
E por- que não pe- ço‿em tro- ca
Mas se vo - cê quer eu que- ro
B m B m7
Na- da de vol- ta pra mim
E não con- si - go fin - gir
Por- que‿é que‿eu fi - co ca- la- do
Vo - cê é mes-mo‿es- sa me- cha
C♯7 F♯m7 F♯m6
En- quan- to vo - cê me diz
De bran- co nos meus ca- be - los
Pa - la- vras que me ma- -chu- cam
Vo - cê pra mim é‿u- ma
G♯7 C♯7 C♯7
1.
Por coi- sas que‿eu nun- ca fiz
Por- que‿é que‿eu ro- lo na
G♯7 C♯7 F♯m F♯m
2.
pon- ta
A mais nos meus pe - sa - de- los

Mas a-con-te-ce que eu
Não sei vi-ver sem vo-cê
Às ve-zes me de-sa-ba-fo
Me de-ses-pe-ro por-
-que
Vo-cê é mais que um pro-ble-ma
É u-ma lou-cu-ra qual-quer
Mas sem-pre a-
-ca-bo em seus bra-ços
Na ho-ra que você quer

Na ho-ra que vo-cê quer

Não vou ficar

TIM MAIA

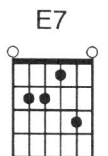

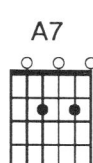

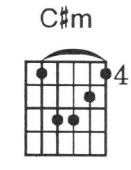

Introdução: **E7**

E7
Há muito tempo eu vivi calado
A7   **E7**
Mas agora resolvi falar
E7
Chegou a hora, tem que ser agora
A7   **E7**
E com você não posso mais ficar

Não vou ficar não

REFRÃO 1:
E7
Não, não
A7   **E7**
Não posso mais ficar
E7
Não, não, não, não, não
A7   **E7**
Não posso mais ficar, não!

E7
Toda a verdade deve ser falada
A7   **E7**
E não vale nada se enganar
E7
Não tem mais jeito

Tudo está desfeito
A7   **E7**
E com você não posso mais ficar

Não vou ficar não

Refrão 1

F#m   **G#m7**
Pensando bem
F#m   **G#m7**
Não vale a pe__na
F#m   **G#m7**
Ficar tentan____do em vão
C#m   **F#7**
O nosso amor não tem mais condição
B7
Não, não, não, não, não, não, não

E7
Por isso resolvi agora lhe deixar
A7   **E7**
De fo__ra do meu coração
E7
Com você não dá mais certo
A7   **E7**
E ficar sozi__nho é minha solução

É solução sim

REFRÃO 2:
E7
Não, não
A7   **E7**
Não tem mais solução

Não, não, não
E7
Não, não
A7   **E7**
Não tem mais solução

Pensando bem *(etc.)*

Por isso resolvi agora *(etc.)*

Refrão 2

Não vou ficar

TIM MAIA

♩ = 88

Intro

simile

Voz

Há mui-to tem-po eu vi-vi ca-la-do mais a-go-ra re-sol-vi fa-lar___ Che-
da ver-da-de de-ve ser fa-la-da E não va-le na-da se en-ga-nar___ Não

gou a ho-ra tem que ser a-go-ra E com vo-cê não pos-so mais fi-car___ Não vou fi-car não
tem mais jei-to tud-do es-tá des-fei-to E

Não   não   Não pos-so mais fi-car___ Não não__ não   Não   não

Não pos-so mais fi-car___ não___ To-

Pen-san-do bem_____ Não va-le a pe-

___-na   Fi-car ten-tan___ do em vão__ O nos-so a-mor__ não tem___

©Copyright 1969 by EMI SONGS DO BRASIL EDIÇÕES MUSICAIS LTDA.
Todos os direitos autorais reservados para todos os países. All rights reserved.

F♯7 B7
mais con - di - ção Não não não não não não não
E7 A7 E7
Por is - so re - sol - vi a - go - ra lhe dei - xar de fo - ra do meu co - ra - ção
E7 A7 E7
Com vo - cê não dá mais cer - to e fi - car so - zi - nho é mi - nha so - lu - ção
E7 E7 A7 E7
É so - lu - ção sim Não não Não tem mais so - lu - ção
E7 E7 A7 E7
Não não não Não não Não tem mais so - lu - ção não
simile
E7 E7
Solo de contrabaixo
Ao 𝄋 e Φ
Φ E7 E7 A7 E7
Ah ah Não tem mais so - lu - ção Não não não
E7 E7 A7 E7
Não não Não tem mais so - lu - ção não
Fade out

Querem acabar comigo

ROBERTO CARLOS

GM7   Am7 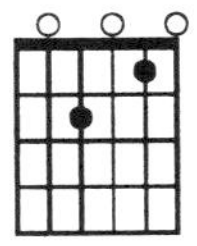   D7

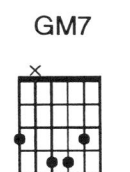

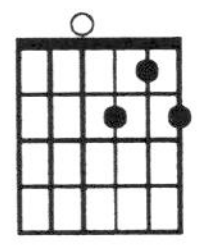

Introdução: **GM7   Am7   D7   GM7   Am7   D7**

Am7   D7
Querem acabar comi__go
Am7   D7
Nem eu mesmo sei porque
GM7   Am7
Enquanto eu tiver você aqui
GM7   Am7   D7
Ninguém poderá me destruir

| Am7   D7 |
Querem acabar comi__go
| Am7   D7 |
Isso eu não vou deixar
| GM7   Am7 |
Me abrace assim me olhe assim
| GM7   Am7 |
Não vá ficar longe de mim

| GM7   Am7   D7 |
Pois enquanto eu tiver você comi__go
| GM7 |
Sou mais forte e para mim
| Am7   D7 |
Não há peri___go

| Am7   D7 |
Você está aqui
| Am7   D7 |
E eu estou também
| Am7   D7 |
E com você eu não temo ninguém
| GM7   Am7 |
Você sabe bem de onde venho
| GM7   Am7 |
E no coração o que eu tenho
| GM7 |
Tenho muito amor
| Am7   D7 |
E é só o que interes___sa
| GM7 |
Fique sempre aqui
| Am7   D7 |
Pois a verdade é es___sa

| Am7   D7 |
Querem acabar comi__go
| Am7   D7 |
Nem eu mesmo sei porque
| GM7   Am7 |
Enquanto eu tiver você aqui
| GM7   Am7 |
Ninguém poderá me destruir

Instrumental 4 vezes: **GM7 Am7 D7**

| Am7   D7 |
Mas querem acabar comi__go
| Am7   D7 |
Isso eu não vou deixar
| GM7   Am7 |
Me abrace assim me olhe assim
| GM7   Am7 |
Não vá ficar longe de mim
| GM7   Am7 |
Enquanto eu tiver você aqui
| GM7   Am7 |
Ninguém poderá me destruir

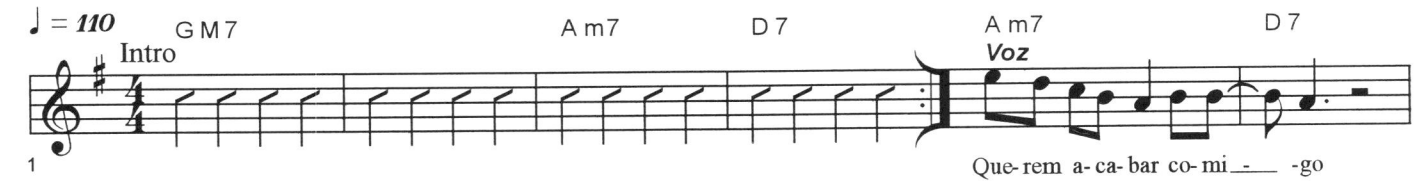

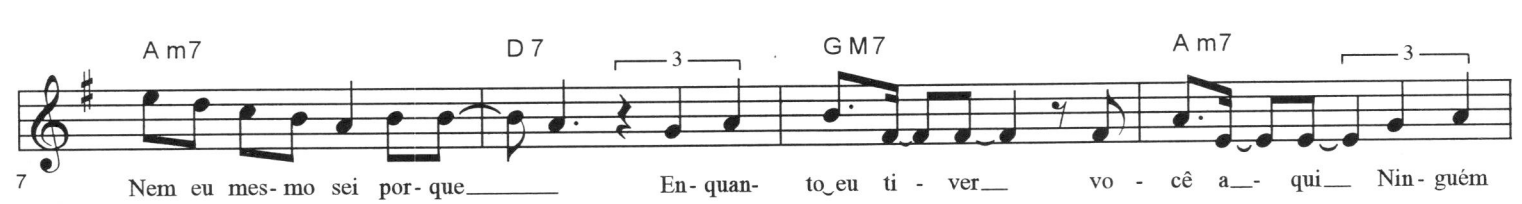

©Copyright by EDIÇÕES EUTERPE LTDA.
Todos os direitos autorais reservados para todos os países. All rights reserved.

Me abrace assim, me olhe assim
Não vá ficar longe de mim
Pois enquanto eu tiver você comigo
Sou mais forte para mim
Não há perigo
Você está aqui
E eu estou também
E com você eu não temo ninguém
Você sabe bem de onde eu venho
E no coração o que eu tenho
Tenho muito amor
E é só o que interessa
Fique sempre aqui
Pois a verdade é essa
Querem acabar comigo
Nem eu mesmo sei por quê
Enquanto eu tiver você aqui
Ninguém poderá me destruir

(Ôu ô querem acabar comigo...)

Ao 𝄋 e 𝄌

-ge de mim Enquanto eu tiver você aqui
Ninguém poderá me destruir
(Ôu ô querem acabar comigo...)

Fade out

Verde e amarelo

ROBERTO CARLOS e
ERASMO CARLOS

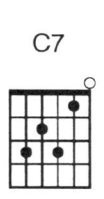

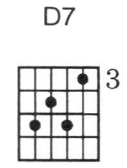

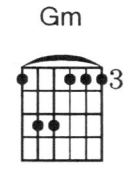

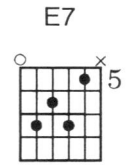

Introdução: **F C7**

F
Verde e amarelo verde e amarelo

Boto fé não me iludo

Nessa estrada ponho pé vou com tudo

Terra firme livre tudo o que eu quis

C7
Do meu país
    Gm7   **C7**
Onde vou   vejo a raça
Gm7   **C7**
Forte no sorriso da massa
Gm7   **C7**
A força desse grito que diz: É o meu país

REFRÃO:
F
Verde amarelo

Sou daqui sei da garra

De quem encara o peso da barra
                         C7
Vestindo essa camisa feliz do meu país
      Gm7 **C7**   **Gm7**   **C7**
Tudo bom   tudo belo tudo azul e branco verde e amarelo
Gm7   **C7**   **F**
Toda a natureza condiz com meu país

Refrão (duas vezes)

D7   **Gm** **E7**   **Am**
Só quem leva no peito esse amor esse jeito
  Bb   **F** **C7**   **F**
Sabe bem o que é ser brasileiro   sabe que é

Refrão (4 vezes)

          F
Bom no pé deita e rola

Ele é mesmo bom de samba e de bola
                                     C7
Que beleza de mulher que se vê no meu país
      Gm7   **C7**   **Gm7**   **C7**
É Brasil   é brazuca esse cara bom de papo e de cuca
Gm7   **C7**   **F**
Tiro o meu chapéu peço bis pro meu país

F   **C7**
Verde amarelo, verde amarelo

Instrumental: **C7**

Refrão

F
Boto fé não me iludo nessa estrada

Ponho o pé vou com tudo
                                 C7
Terra firme tudo que eu quis é meu país
      Gm7 **C7**
É Brasil   é brazuca
         Gm7   **C7**
Esse cara bom de papo e de cuca
Gm7   **C7**   **F**
Tiro o meu chapéu peço bis pro meu país

Refrão (3 vezes)

É a camisa que eu visto

Refrão

Azul e branco também

Refrão

É Brasil é brazuca

Refrão (duas vezes)

Boto fé *(etc.)*   *(fade out)*

© Copyright 1985 by AMIGOS EDIÇÕES MUSICAIS LTDA.
© Copyright 1985 by ECRA REALIZAÇÕES ART. LTD.
Todos os direitos autorais reservados para todos os países. All rights reserved.

Coro: Verde_a_marelo

Voz: Sou daqui sei da garra De quem encara o peso da barra Vestindo_essa camisa feliz do meu país

Tudo bom tudo belo tudo_azul e branco verde_a_marelo Toda_a natureza condiz com meu país

Coro: Verde_a_marelo verde_amarelo

Só quem leva no peito esse_amor esse jeito Sabe bem o que_é ser brasileiro sabe_o que é

Coro: Verde_a_marelo verde_a_marelo

Coro: Verde_a_marelo verde_a_marelo

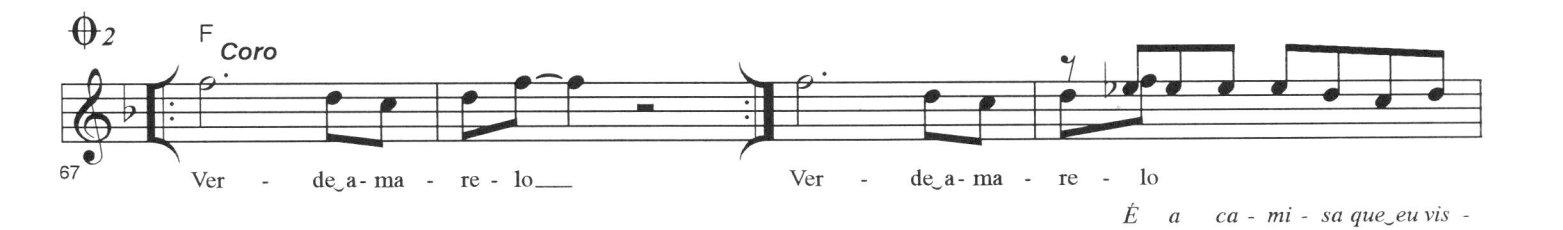

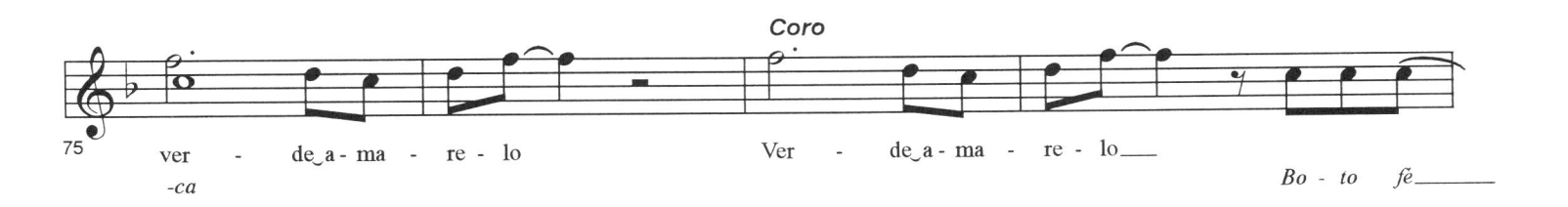

Solo de guitarra — C7 (compassos 59–68)

Ao 𝄋 2 e ⊕ 2

Coro (F)
Verde a-ma-re-lo___ Verde a-ma-re-lo
É a ca-mi-sa que eu vis-
-to ver-de a-ma-re-lo A-zul e bran-co tam-bém
Ver-de a-ma-re-lo É Brasil___ é bra-zu-
-ca ver-de a-ma-re-lo

Coro
Ver-de a-ma-re-lo___
Bo-to fé___

Coro
ver-de a-ma-re-lo___
Não me i-lu-do nes-sa es-tra-da po-nho pé vou com tu-
-do Ter-ra fir-me li-vre tu-do que quis___ No meu pa-ís

Fade out

Eu quero apenas

ROBERTO CARLOS e
ERASMO CARLOS

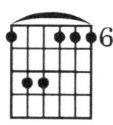

Bbm   Eb7   Ab   Db

Introdução (4 vezes): **Bbm Eb7   Ab**

  Ab **Bbm   Eb7** **Ab**
Eu quero apenas olhar os cam__pos
  Bbm **Eb7** **Ab**
Eu quero apenas cantar meu can__to
  Bbm **Eb7** **Ab**
Eu só não quero cantar sozi__nho
    Bbm **Eb7** **Ab**
Eu quero um co__ro de passari__nhos

REFRÃO:
 Db   **Ab**
Quero levar o meu canto ami__go
  Bbm **Eb7** **Ab**
A qualquer ami__go que precisar
 Db   **Ab**
Eu quero ter um milhão de ami__gos
  Bbm **Eb7** **Ab**
E bem mais for__te poder cantar
 Db   **Ab**
Eu quero ter um milhão de ami__gos
  Bbm **Eb7**
E bem mais for__te poder cantar

Instrumental: **Ab Bbm Eb7 Ab7 Bbm Eb7**
     Ab Bbm Eb7 Ab Bbm Eb7 Ab

  Bbm **Eb7** **Ab**
Eu quero apenas um vento for__te
  Bbm **Eb7** **Ab**
Levar meu barco no rumo nor__te
  Bbm **Eb7** **Ab**
E no caminho o que eu pescar
  Bbm **Eb7** **Ab**
Quero dividir quando lá chegar

Refrão

Instrumental (4 vezes): **Bbm Eb Ab**

  Bbm **Eb7 Ab**
Eu quero crer na paz do futuro
  Bbm **Eb7** **Ab**
Eu quero ter um quintal sem muro
   Bbm **Eb7** **Ab**
Quero o meu filho pisando firme
  Bbm **Eb7** **Ab**
Cantando alto, sorrindo livre

Refrão

Instrumental (4 vezes): **Bbm Eb Ab**

  Bbm **Eb7** **Ab**
Eu quero amor decidindo a vida
  Bbm **Eb7** **Ab**
Sentir a força da mão ami__ga
  Bbm **Eb7** **Ab**
O meu irmão com sorriso aber__to
  Bbm **Eb7** **Ab**
Se ele chorar quero estar por per__to

Refrão

Instrumental (4 vezes): **Bbm Eb Ab**

  Bbm Eb7 **Ab**
Venha comigo olhar os cam__pos
  Bbm **Eb7** **Ab**
Cante comigo também meu can__to
  Bbm **Eb7** **Ab**
Eu só não quero cantar sozi__nho
    Bbm **Eb7** **Ab**
Eu quero um co__ro de passari__nhos

Refrão   *(fade out)*

♩ = 140
Intro
Violão
B♭m E♭7 A♭ B♭m E♭7 A♭
1.
2.
Voz
1. Eu que - ro͜ a - pe - nas o - lhar os cam - pos Eu que - ro͜ a -
2. -pe - nas um ven - to for - te Le - var meu
3. crer na paz do fu - tu - ro Eu - que - ro
4. -mor de - ci - din - do͜ a vi - da Sen - tir a
5. -mi - go o - lhar os cam - pos Can - te co -
-pe - nas can - tar meu can - to Eu só não que - ro can -
bar - co no ru - mo nor - te E no ca - mi - nho͜ o que
ter um quin - tal sem mu - ro Que - ro meu fi - lho pi -
for - ça da mão a - mi - ga O meu ir - mão com sor -
-mi - go tam - bém meu can - to Eu só não que - ro can -
-tar so - zi - nho Eu que - ro͜ um co - ro de pas - sa - ri -
eu pes - car Que - ro di - vi - dir quan - do lá che - gar
-san - do fir - me Can - tan - do al - to sor - rin - do li -
-ri - so͜ a - ber - to Se͜ e - le cho - rar que - ro͜ es - tar por per -
-tar so - zi - nho Eu que - ro͜ um co - ro de pas - sa - ri -
-nhos Que - ro le - var o meu can - to͜ a - mi - go͜ A qual - quer a - mi - go que
-vre
-to
-nhos
D♭ A♭ B♭m
pre - ci - sar Eu que - ro ter um mi - lhão de͜ a - mi - gos E
E♭7 A♭ D♭ E♭7 A♭

bem mais for — te po-der can-tar___ Eu que-ro ter um mi-lhão de_a-mi-___gos E bem mais for—te po-der can-tar___

2. Eu quero_a-

3. Eu quero

4. Eu quero_a-

5. Ve-nha co-

Eu que-ro ter um mi-lhão de_a-mi-___gos E bem mais for___te po-der can-tar___ Eu que-ro ter um mi-lhão de_a-mi-___gos E bem mais for___te po-der can-tar___ *Fade out*

Amigo não chore por ela

ROBERTO CARLOS e
ERASMO CARLOS

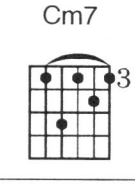

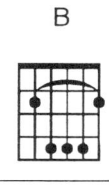

Introdução: **F7 Bb F7 Bb**

  F7
Amigo não chore por ela
    Bb
Ela não merece esse pranto sofrido
   F7
Ela não parou pra pensar um momento
  Bb
Pouco se importou com o seu sentimento

  F7
Amigo refaça a sua vida
   Bb
Que ela em outros braços tem outro carinho
    F7
Ninguém traz de volta o passado chorando
  Bb
Num canto sozinho

REFRÃO:
F7
  Ai ai ai ai ai ai
   Bb
Não negue a realidade
   Cm7
Se alimentando de lembranças
 F7   **Bb**
E   sofrendo de saudade
F7
  Ai ai ai ai ai ai
   Bb
Se aquele sonho se desfez
   Cm7   **F7**
A vida continua o que passou
  Bb
Esqueça de uma vez

  F7
Amigo quando a gente ama
   Bb
Finge que não ouve e não acredita
    F7
Não gosta de ouvir nem por bem certas coisas
  Bb
Da mulher amada só coisas bonitas

  F7
Por isso perdoa o que eu falo
   Bb
Se você não gosta de ouvir o que eu digo
   F7
Mas como evitar te dizer as verdades
 Bb
Se sou seu amigo

Refrão

Instrumental: **F7 Bb F7 Bb**

  F#7
Amigo quando a gente ama
   B
Finge que não ouve e não acredita
    F#7
Não gosta de ouvir nem por bem certas coisas
  B
Da mulher amada só coisas bonitas

  F#7
Por isso perdoa o que eu falo
   B
Se você não gosta de ouvir o que eu digo
   F#7
Mas como evitar te dizer as verdades
 B
Se sou seu amigo

DUAS VEZES e fade out:
F#7
  Ai ai ai ai ai ai
   B
Não negue a realidade
   C#m7
Se alimentando de lembranças
 F#7   **B**
E   sofrendo de saudade
F#7
  Ai ai ai ai ai ai
   B
Se aquele sonho se desfez
   C#m7   **F#7**
A vida continua e o que passou
  B
Esqueça de uma vez

Amigo não chore por ela

ROBERTO CARLOS e ERASMO CARLOS

♩ = 104

Lyrics:

A - migo não chore por ela__ Ela não me-re-ce_esse pranto so-fri-do__ Ela não pa-rou pra pensar um mo-men-to__ pou-co se_im-por-tou com o seu sen-ti-men-to__ A-ran-do Num canto so-zi-nho__ Ai ai ai ai ai ai Não ne-gue_a rea-li-da-de__ Se_a-li-men-tan-do de lem-bran-ças E__ so-fren-do de sau-da-de__ Ai ai ai ai ai ai Se_a-que-le so-nho se des-fez

-mi-go re-fa-ça_a sua vi-da__ Que_e-la_em outros bra-ços tem outro ca-ri-nho__ Nin-guém traz de vol-ta_o pas-sa-do cho-ran-do Num can-to so-zi-nho__ Por

-mi-go quan-do_a gen-te a-ma__ Fin-ge que não ou-ve e não a-cre-di-ta__ Não gosta de_ou-vir nem por bem cer-tas coi-sas__ Da mu-lher a-ma-da só coi-sas bo-ni-tas__

is-so per-do-a_o que_eu fa-lo__ Se vo-cê não gos-ta de_ou-vir o que_eu di-go__ Mas co-mo_e-vi-tar te di-zer as ver-da-des Se_eu sou seu a-mi-go__

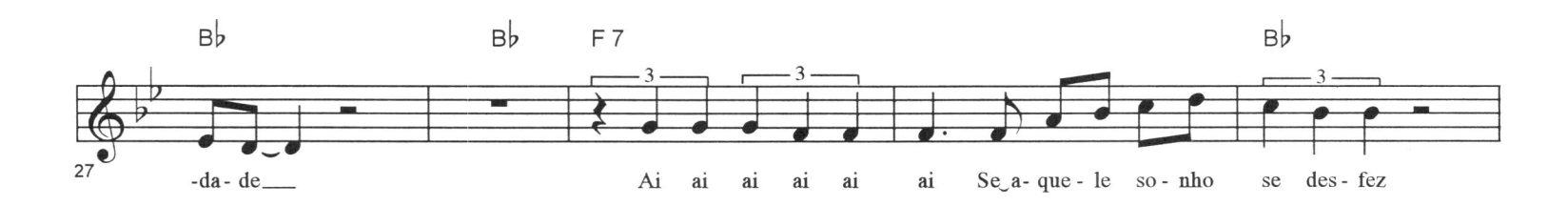

©Copyright 1995 by AMIGOS EDIÇÕES MUSICAIS LTDA.
©Copyright 1995 by ECRA REALIZAÇÕES ART. LTD.
Todos os direitos autorais reservados para todos os países. All rights reserved.

B♭ Cm7 F7 B♭ B♭
A vi-da con-ti - nu-a e o que pas-sou Es-que-ça de u-ma vez A-
Ao 𝄋 e 𝄌
vez
Violão flamenco
F7
B♭ B♭ F7
B♭
Voz
A-
F♯7 B
-mi-go quan-do a gen-te a-ma Fin-ge que não ou-ve e não a-cre di-ta Não gos-ta de ou-
is-so per - do - a o que fa - lo Se vo - cê não gos-ta de ou-vir o que eu di-go Mas co - mo e - vi -
F♯7 1. B
-vir nem por bem cer-tas coi-sas Da mu-lher a - ma-da só coi-sas bo - ni-tas Por
-tar te di-zer as ver-
2. B B F♯7 B
Ai ai ai ai ai ai Não ne-gue a rea-li - da-de
-da-des Se eu sou seu a - mi-go Se a-que - le so-nho se des-fez
B C♯m7 F♯7 1. B 2. F♯7 B
Se a-li-men-tan-do de lem-bran-ças E so-fren-do de sau - da-de
A vi-da con-ti - nua e o que pas-sou Es-que-ça de u-ma vez
Fade out

Mulher de 40

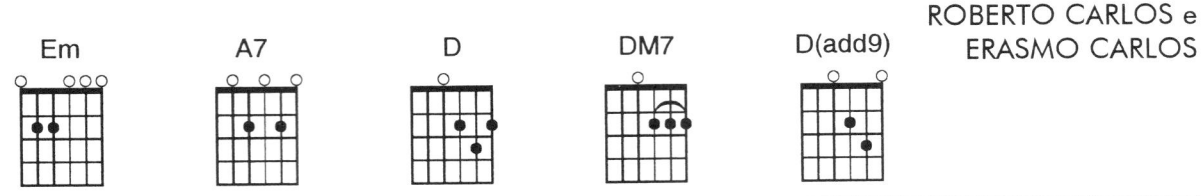

ROBERTO CARLOS e
ERASMO CARLOS

Em   A7   D   DM7   D(add9)

Introdução (duas vezes): **Em A7   D**

  D
Sorriso bonito
    DM7   **Em**
Olhar de quem sabe um pouco da vida
   A7
Conhece o amor
                       D(add9)
E quem sabe uma dor guardada escondida
  D
Por experiência
      DM7   **Em**
Sabe a diferença de amor e paixão
  A7
O que é verdadeiro
               D(add9)
Caso passageiro ou pura ilusão
  Em
É jovem bastante
     A7   **D(add9)**
Mas não como antes, mas é tão bonita
  Em
Ela é uma mulher
         A7   **D(add9)**
Que sabe o que quer e no amor acredita

REFRÃO
(duas vezes)
{
     Em   **A7**
Não quero saber da sua vida sua história
      D(add9)
Nem de seu passado
  Em   **A7**
Mulher de quarenta eu só quero ser
  D(add9)
O seu namorado
}

Instrumental (duas vezes): **Em A7   D**

  D
Não importa a idade
    DM7   **Em**
A felicidade chega um dia que vem
   A7
Se ela vive feliz
                        D(add9)
Ou espera de novo encontrar outro alguém
  D
Se ela se distrai
     DM7   **Em**
Uma lágrima cai ao lembrar do passado
  A7
Seu olhar distante
                     D(add9)
Vai por um instante a um tempo dourado
  Em
Retoca a maquiagem
     A7   **D(add9)**
Cheia de coragem essa mulher bonita
  Em
Que já não é menina
         A7   **D(add9)**
Mas a todos fascina e a mim me conquista

Refrão (duas vezes)

Instrumental (duas vezes): **Em A7   D**

Retoca a maquiagem *(etc.)*

Refrão (duas vezes)   *(fade out)*

©Copyright 1996 by AMIGOS EDIÇÕES MUSICAIS LTDA.
©Copyright 1996 by ECRA REALIZAÇÕES ART. LTD.
Todos os direitos autorais reservados para todos os países. All rights reserved.

Em A7
vi- da__ Co- nhe-ce_o a - mor E quem sa-be_u-ma dor guar - da - da_es - con -
vem Se_e-la vi - ve fe - liz Ou es - pe - ra de no-vo__ En- con- trar ou- tro_al-
D(add9) D
-di - da___ Por ex- pe - ri - ên - cia Sa- be_a di- fe -
-guém Se_e- la se dis - trai U- ma lá - gri- ma
DM7 Em
-ren - ça de_a- mor e pai - xão O que_é ver- da -
cai ao Lem- brar do pas- sa - do___ Seu o- lhar dis-
A7 D(add9)
-deir- ro___ Ca- so pas- sa - gei - ro___ ou pu- ra_i- lu - são É jo- vem bas-
-tan - te___ Vai por um ins - tan - te___ a_um tem- po dou- ra - do__ Re - to - ca_a ma-
Em A7 D(add9)
-tan - te___ Mas não co- mo an- tes__ mas é tão bo- ni- ta__ E- la_é u- ma mu-
-quia-gem___ Chei-a de co- ra- gem__ es- samu- lher bo- ni- ta__ Que já não é me-
Em A7 D(add9)
-lher Que sa- be_o que quer e no_a- mor a- cre - di - ta___ Não que- ro sa-
-ni- na__ Mas a to- dos fas- ci - na__ e a mim me con - quis- ta___
Em A7 D(add9)
-ber__ da sua vi- da__ sua_es - tó- ria__ Nem do seu pas - sa- do__ Mu- lher de qua-
Fade out para o fim
Em A7 D(add9) D(add9)
1. 2.
-ren- ta__ eu só que- ro ser_____ O seu na- mo - ra- do__ não que- ro sa- ra - do
D.C. (2 vezes) e

Sua estupidez

ROBERTO CARLOS e
ERASMO CARLOS

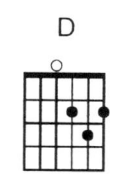

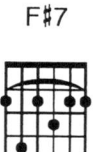

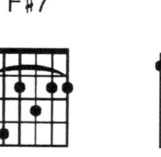

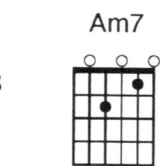

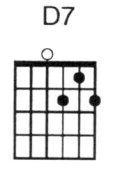

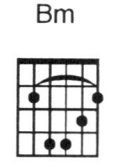

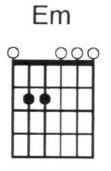

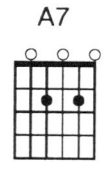

Introdução (4 vezes): **D**

[D] Meu bem, [F#7] meu bem
[G] Você tem que acreditar [F#7] em mim
[G] Ninguém pode destruir [F#7] assim
[Am7] Um grande amor
[D7] Não dê ouvidos a maldade [G] alheia
[F#7] E creia
[Bm] Sua estupidez não lhe dei__xa [Em] ver
[A7] [F#m] Que eu te [Bm] amo [Em] [A7]

[D] Meu bem, [F#7] meu bem
[G] Use a inteligência uma [F#7] vez só
[G] Quantos idiotas vivem [F#7] só
[Am7] Sem ter amor
[D7] E você vai ficar também [G] sozinha
[F#7] Eu sei porque
[Bm] Sua estupidez não lhe dei__xa [Em] ver [A7]
[F#m] Que eu te [Bm] amo [Em7] [A7]

[Em] Quantas vezes [A7] eu tentei falar
[F#m] Que no mundo não há mais [Bm] lugar
[Em] Pra quem toma [A7] decisões na vida
[F#m] Sem pensar [Bm]

[Em] Conte ao menos [A7] até três
[F#7] Se precisar conte outra [Bm] vez
Mas pense outra [Em] vez
Meu bem meu bem meu [A7] bem
[F#m] Eu te [Bm] amo [Em] [A7]

[D] Meu bem, [F#7] meu bem
[G] Sua incompreensão ja é [F#7] demais
[G] Nunca vi alguém tão [F#7] incapaz
[Am7] De compreender
[D7] Que o meu amor é bem maior que [G] tudo
[F#7] Que existe
[Bm] Mas sua estupidez não lhe dei__xa [Em] ver [A7]
[F#m] Que eu te [Bm] amo [Em] [A7] [D]

Quantas vezes eu tentei falar *(etc.)*

Meu bem, meu bem
Sua incompreensão já é demais *(etc.)*

Que eu te amo, que eu te amo,
(várias vezes e Fade out)

♩ = 84

Intro D **4X**   D   *Voz*   F#7

Meu bem_____ meu bem_____

G   F#7

Vo- cê tem que a - cre- di- tar em mim
U- se a in- te- li- gên - cia u- ma vez só
Su a in- com- preen- são ja é de- mais

G   F#7   Am7

Nin- guém po- de des- tru- ir as- sim Um gran- de a- mor_____
Quan- tos i - di - o - tas vi - vem só Sem ter a - mor
Nun- ca vi al- guém tão in- ca- paz de com- preen- der

D7 —3—   G

Não dê ou- vi- dos a mal- da- de a- lhei- a_____
E vo- cê vai fi- car tam- bém so- zi- nha_____ Eu
Que o meu a- mor é bem mai- or que tu- do_____ Que e-

F#7   Bm

E crei- a_____ Su a es- tu- pi- dez não lhe
sei por- que_____
-xis- te_____ Mas su a es- tu- pi- dez não lhe

Em   A7   F#m   Bm |1. Em   A7

dei- xa ver_____ Que eu te a- mo_____
dei- xa ver_____

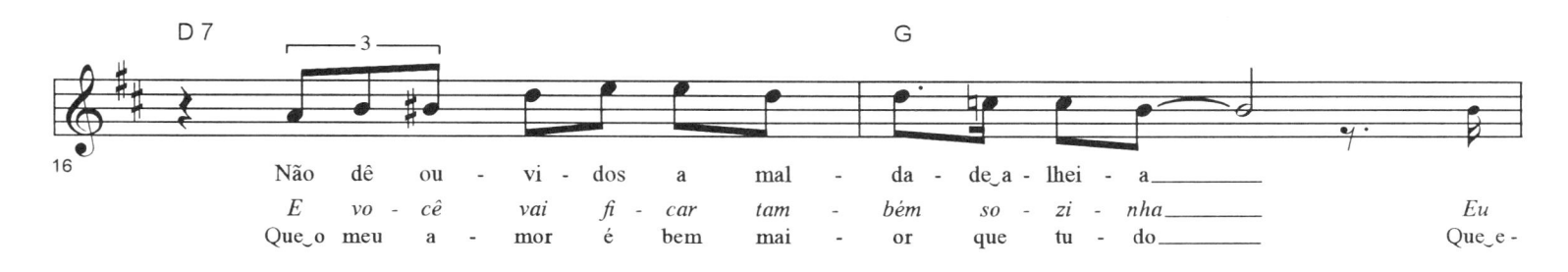

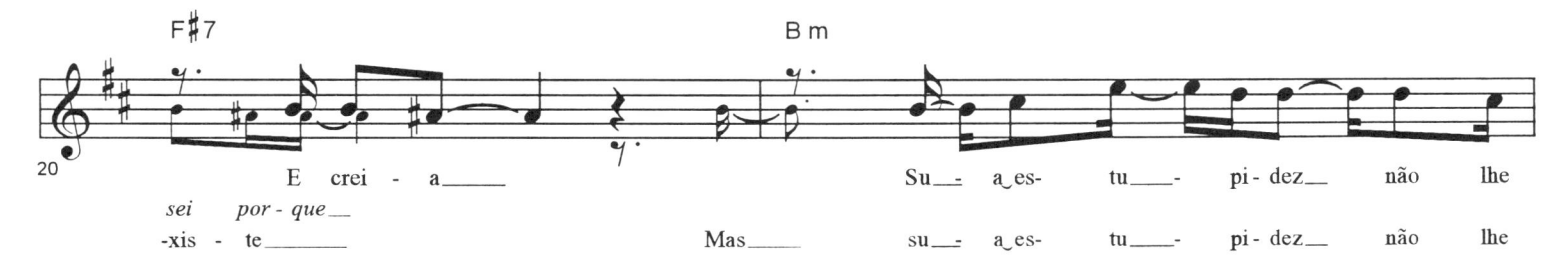

©Copyright 1969 by EMI SONGS DO BRASIL EDIÇÕES MUSICAIS LTDA.
Todos os direitos autorais reservados para todos os países. All rights reserved.

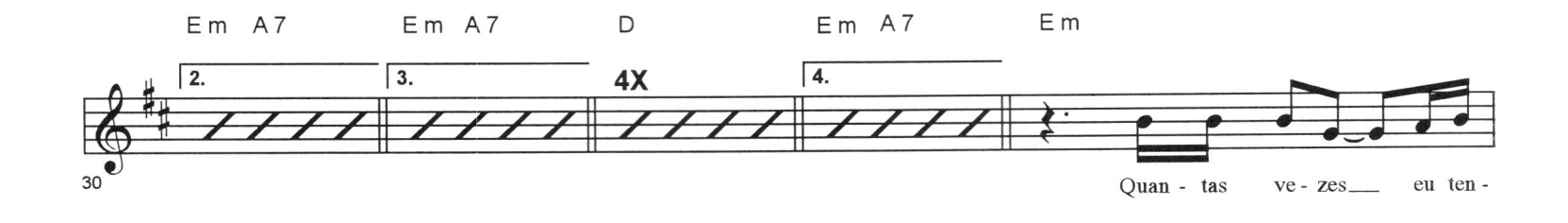

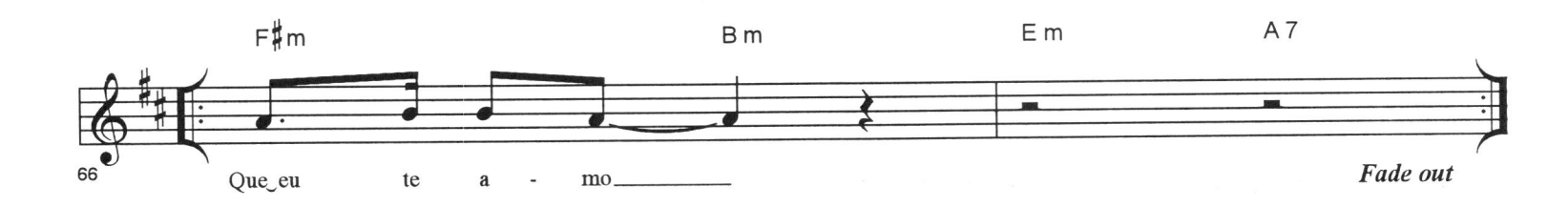

Quantas vezes eu tentei falar
Que no mundo não há mais lugar
Pra quem toma decisões na vida
Sem pensar
Conte ao menos até três
Se precisar conte outra vez
Mas pense outra vez
Meu bem meu bem meu bem
Eu te amo
Que eu te amo

Fade out

À distância

ROBERTO CARLOS e
ERASMO CARLOS

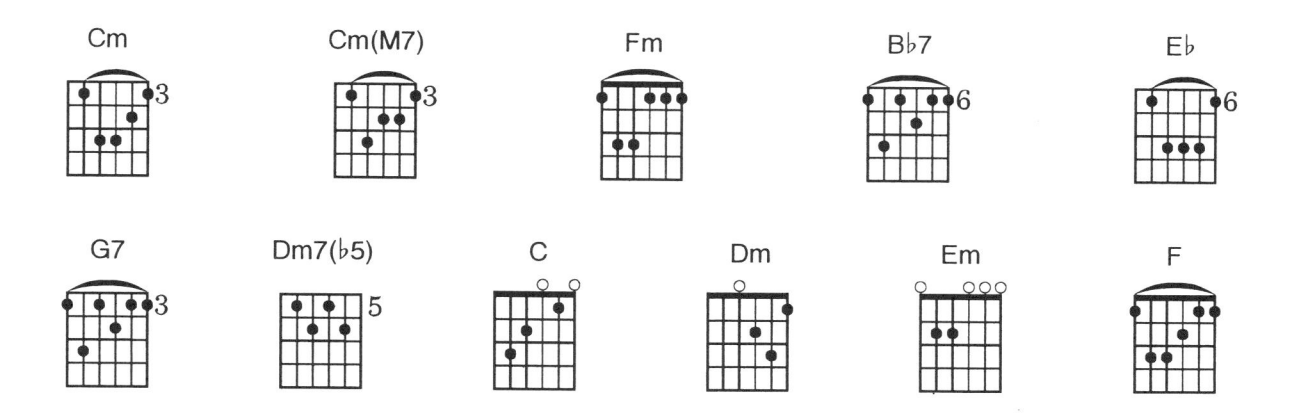

Introdução (4 vezes): **Cm Cm(M7)**

    Cm   **Fm**
Nunca mais você ouviu falar de mim
 Bb7   **Eb** **G7**
Mas eu continuei a ter você
   Cm   **Fm**
Em toda esta saudade que ficou
       Dm7(b5)   **G7**
Tanto tempo já passou e eu não te esqueci

REFRÃO:
C   **Dm** **G7**
Quantas vezes eu pensei voltar
Dm   **G7**   **C**
E dizer que o meu amor nada mudou
       Em   **F**
Mas o meu silêncio foi maior
            C   **G7**   **C**
E na distância morro todo dia sem você saber

  Cm   **Fm**
O que restou do nosso amor ficou
 Bb7   **Eb**
No tempo esquecido por você
  Cm   **Fm**
Vivendo do que fomos ainda estou
       Dm7(b5)   **G7**
Tanta coisa já mudou só eu não te esqueci

Refrão

Instrumental: **C Dm G7 Dm G7 C**
            Em F C G7 C

   Cm   **Fm**
Eu só queria lhe dizer que eu
   Bb7   **Eb**
Tentei deixar de amar não consegui
   Cm   **Fm**
Se alguma vez você pensar em mim
               Dm7(b5)
Não se esqueça de lembrar
           G7
Que eu nunca te esqueci

Refrão (duas vezes)

À distância

ROBERTO CARLOS e ERASMO CARLOS

Nun - ca mais vo - cê ou - viu fa - lar de mim
que res - tou do nos - so a - mor fi - cou
só que - ri - a lhe di - zer que eu

Mas eu con - ti - nu - ei a ter vo - cê
No tem - po es - que - ci - do por vo - cê
Ten - tei dei - xar de a - mar não con - se - gui

Em to - da esta sau - da - de que fi - cou
Vi - ven - do do que fomos a - in - da es - tou
Se al - gu - ma vez vo - cê pen - sar em mim

Tan - to tem - po já pas - sou e eu não te es - que - ci
Tan - ta coi - sa já mu - dou só eu não te es - que - ci
Não se es - que - ça de lem - brar Que eu nun - ca te es - que - ci

rall. *a tempo* Quan - tas ve - zes eu pen - sei vol -

©Copyright 1972 by EMI SONGS DO BRASIL E EDIÇÕES MUSICAIS LTDA.
Todos os direitos autorais reservados para todos os países. All rights reserved.

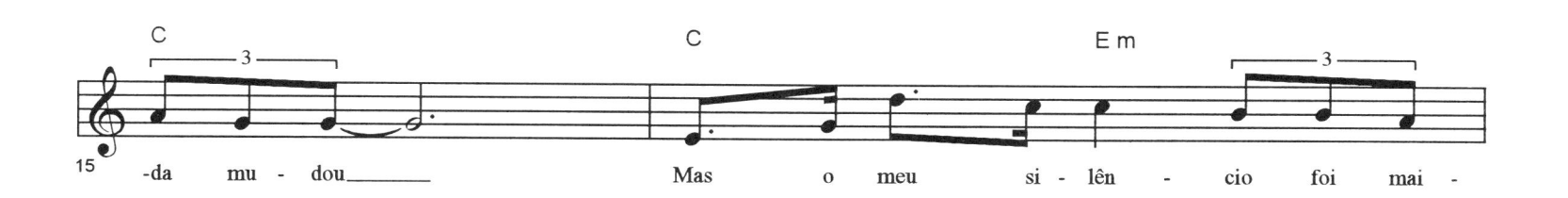

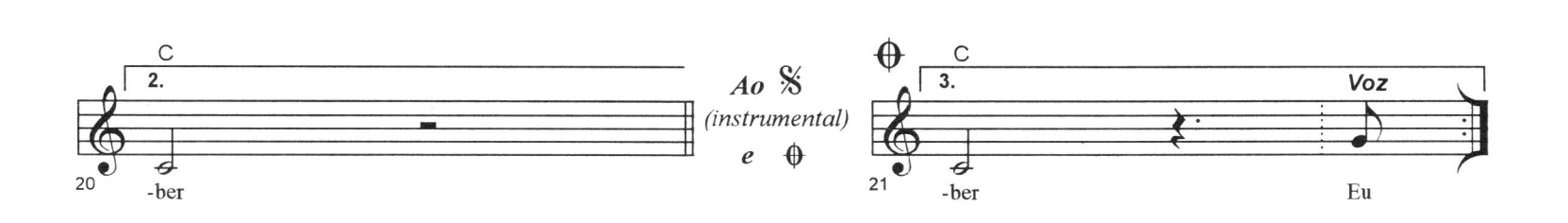

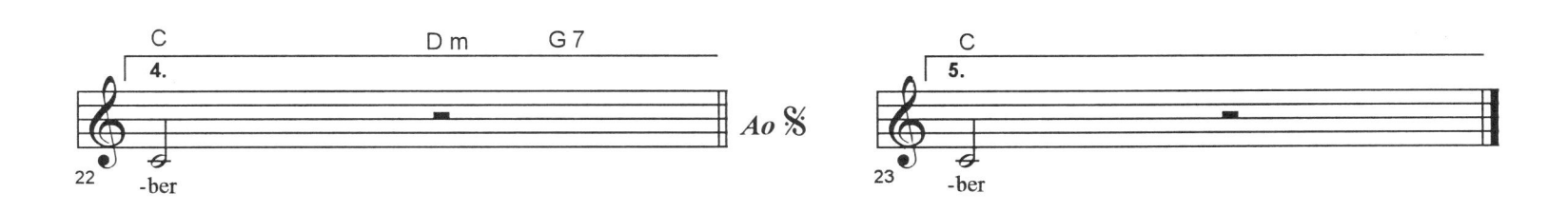

13. -tar | E di-zer que o meu a-mor___ na-
15. -da mu-dou___ | Mas o meu si-lên-cio foi mai-
17. -or E na dis-tân-cia mor-ro to-do di-a sem vo-cê sa-ber | 1. O
20. 2. -ber | *Ao %* (instrumental) *e*
21. 3. -ber | *Voz* Eu
22. 4. -ber | *Ao %*
23. 5. -ber

Cama e mesa

ROBERTO CARLOS e
ERASMO CARLOS

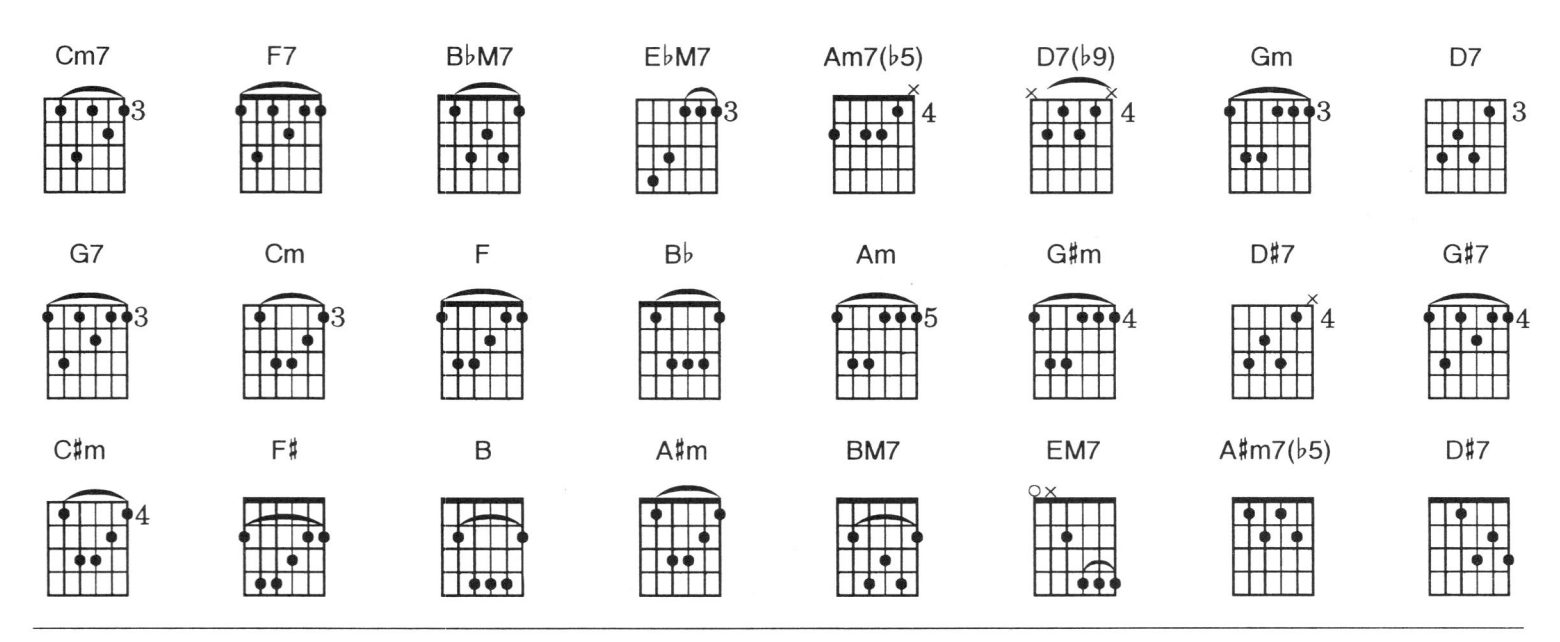

[Chord diagrams: Cm7, F7, BbM7, EbM7, Am7(b5), D7(b9), Gm, D7, G7, Cm, F, Bb, Am, G#m, D#7, G#7, C#m, F#, B, A#m, BM7, EM7, A#m7(b5), D#7]

Introdução: **Cm7 F7 BbM7 EbM7 Am7(b5) D7(b9) Gm**

D7　　　　　　　　　　　**Gm**
　Eu quero ser sua canção eu quero ser seu tom
Gm7　　　　　　　**G7**　　　　　　　**Cm**
　Me esfregar na sua bo__ca ser o seu batom

　O sabonete que te alisa embaixo do chuveiro
F　　　　　　　**Bb**
　A toalha que desli__za no seu corpo inteiro
D7　　　　　　　　　　**Gm**
　Eu quero ser seu travesseiro e ter a noite inteira
Gm7　　　　　　　　**G7**　　　　　　　　**Cm**
　Pra te beijar durante o tem__po que você dormir

　Eu quero ser o sol que entra no seu quarto a dentro
F　　　　　　　**Bb**
　Te acordar devagari__nho te fazer sorrir
D7　　　　　　　　　**Am**
　Quero estar na maciez do toque dos teus dedos
D7　　　　　　　**Gm**
　E entrar na intimida__de desses seus segredos
　　　　　　　Am　　　　　**D7**
　Quero ser a coisa bo__a liberada ou proibi__da
　　　　Gm　　**G#m D#7**
　Tudo em sua vida
　　　　　　　G#m
　Eu quero que você me dê o que você quiser
　　　　　　　G#7　　　　　　　　**C#m**
　Quero te dar tudo que o ho__mem dá pra uma mulher
　　　　　　　　　　　　　　　　　F#
　E além de todo esse carinho que você me faz
　　　　　B　　　　　　　**D#7**
　Fico imaginando coi__sas quero sempre mais

　　　　　　　　　　　　　　　　G#m
　Você é o doce que eu mais gosto, meu café completo
　　　　　　　G#7　　　　　　　**C#m**
　A bebida preferi__da e o parto predileto
　　　　　　　　　　　　　　　　　　　　F#
　Eu como e bebo do melhor e não tenho hora certa
　　　　　　B　　　　　　　**D#7**
　De manhã de tarde à noi__te não faço dieta
　　　　　　A#m　　　　　　　　**D#7**
　Esse amor que alimen__ta minha fantasia
　　　　　　　　　　　　G#m
　É meu sonho minha fes__ta é minha alegria
　　　　　　A#m　　　　　　　**D#7**
　A comida mais gostosa o perfume e a bebida
　　　　　G#m
　Tudo em minha vida

　　　C#m　　　　　　　**F#**
　Todo homem que sabe o que quer
　　　B　　　　　**EM7**
　Sabe dar e querer da mulher
　　　A#m7(b5)　　　　　**D#7**
　O melhor e fazer desse amor
　　　　G#m
　O que co__me o que bebe o que dá e recebe
　　　C#m　　　　　　**F#**
　Mas o homem que sabe o que quer
　　　BM7　　　　　　**EM7**
　E se apaixona por uma mulher
　　　A#m7(b5)　　　**D#7**
　Ele faz desse amor sua vida
　　　G#m
　A comi___da a bebida na justa medida

　O homem que sabe o que quer *(etc.)*

Eu quero ser sua canção eu quero ser seu tom
Eu quero ser seu travesseiro e ter a noite inteira

Me esfregar na sua boca ser o seu batom O sabonete que te a-
Pra te beijar durante o tempo que você dormir Eu quero ser o sol que

-lisa embaixo do chuveiro A toalha que desliza no seu corpo inteiro
entra no seu quarto a dentro Te acordar devagarinho te fazer sorrir

Quero estar na maciez do toque dos seus dedos E entrar na intimida-

-de desses seus segredos Quero ser a coisa boa liberada ou proibi-

©Copyright 1983 by AMIGOS EDIÇÕES MUSICAIS LTDA.
©Copyright 1983 by ECRA REALIZAÇÕES ART. LTD.
Todos os direitos autorais reservados para todos os países. All rights reserved.

[Sheet music - lyrics transcription]

m. 23-26: —da Tu-do em su-a vi-da

m. 27-29: Eu que-ro que vo-cê me dê o que vo-cê qui-ser Que-ro te dar tu-do que um ho—
Vo-cê é o do-ce que eu mais gos-to meu ca-fé com-ple-to A be-bi-da pre-fe-ri—

m. 30-32: —mem dá pra u-ma mu-lher E a-lém de to-do es-se ca-ri-nho que vo-cê me faz
—da e o pra-to pre-di-le-to Eu co-mo e be-bo do me-lhor e não te-nho ho-ra cer-ta

m. 33-35: Fi-co i-ma-gi-nan-do coi-sas que-ro sem-pre mais Es-se a-mor que a-li-men—
De ma-nhã de tar-de à noi-te não fa-ço di-e-ta

m. 36-38: —ta mi-nha fan-ta-si-a é meu so-nho Mi-nha fes-ta é mi-nha a-le-gri-a

m. 39-43: A co-mi-da mais gos-to-sa o per-fu-me e a be-bi-da Tu-do em mi-nha vi-da To-do o

m. 44-47: ho-mem que sa-be o que quer Sa-be dar e que-rer da mu-lher O me-
E se a-pai-xo-na por u-ma mu-lher E-le

m. 48-51: —lhor é fa-zer des-se a-mor O que co-me o que be-be o que dá e re-ce-be Mas o
faz des-se a-mor su-a vi-da A co-mi-da a be-bi-da na jus-

116

[Lyrics under staves:]

52. ―ta me-di―a O― e re-ce―be Mas o ho-mem que

55. sa-be o que quer― Sa-be dar e que-rer da mu-lher― O me-

58. -lhor e fa-zer― des-se a-mor― O que co―-me o que be― be o que dá―

61. ― e re-ce―-be Mas o ho-mem que sa-be o que quer― e se a-pai-

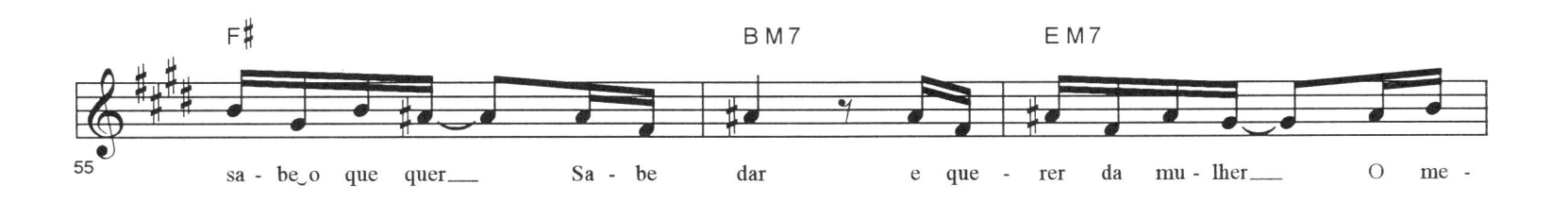

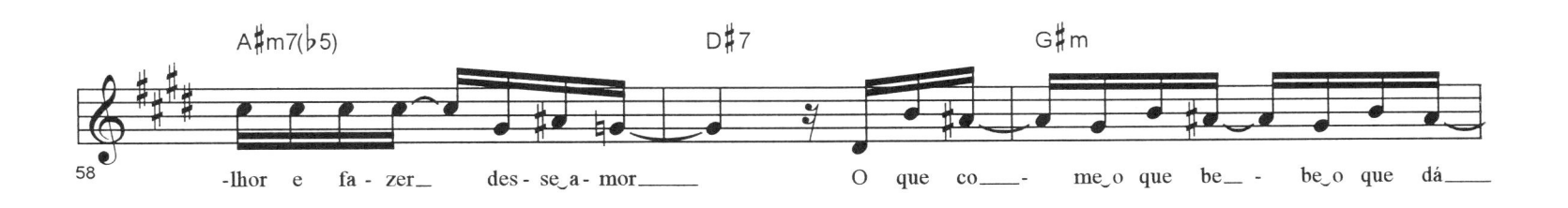

64. -xo-na Por u-ma mu-lher― E-le faz des-se a-mor― su-a vi-

67. -da A co-mi―-da a be-bi― da na jus―-ta me-di―-da

Fade out

117

Amante à moda antiga

ROBERTO CARLOS e
ERASMO CARLOS

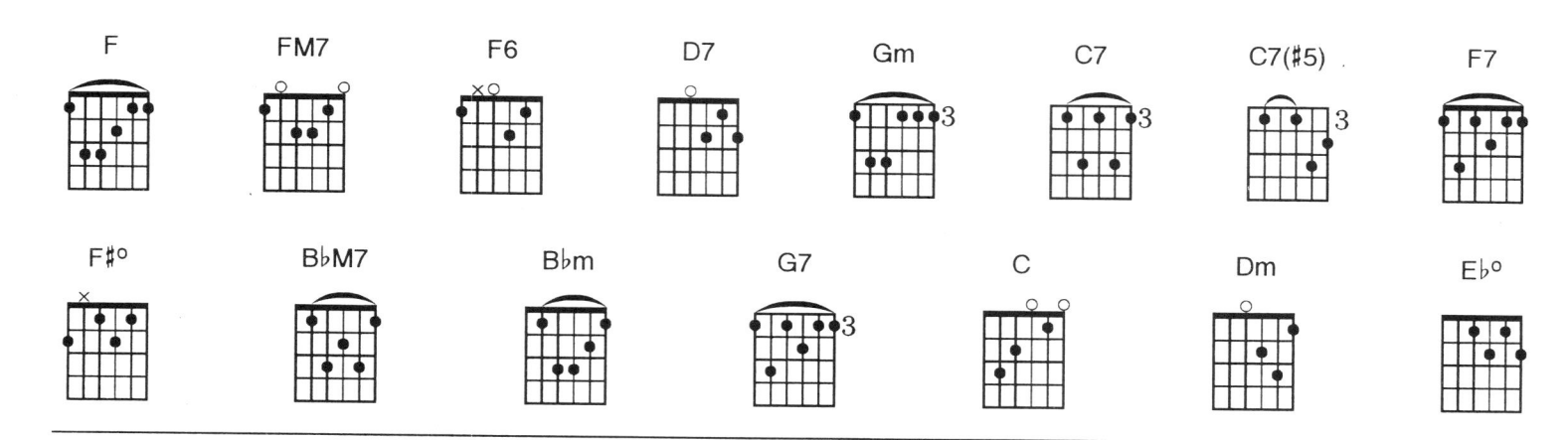

Introdução (duas vezes): **F FM7 F6 FM7**

F   FM7   F6   FM7
Eu sou aquele aman__te à moda anti__ga
F   D7   Gm   C7
Do tipo que ain__da manda flo__res
Gm   C7
Aquele que no peito ainda abriga
C7   C7(#5)   F   FM7 F6 FM7
Recordações de seus grandes amores

F   FM7   F6   FM7
Eu sou aquele aman__te apaixona__do
F   D7   Gm   C7
Que curte a fantasi__a dos roman__ces
Gm   C7
Que fica olhando o céu de madruga__da
C7   C7(#5)   F   FM7 F6 F°
So__nhando abraça__do à namorada

Gm   C7   Gm   C7
Eu sou do ti__po de certas coi__sas
F   FM7   F6   F#°
Que já não são comuns nos nossos dias
Gm   C7 Gm   C
As cartas de amor   o beijo na mão
F   F#°
Muitas manchas de batom
Gm   C7   F7
Daquele amas__so no portão

BbM7   Bbm
Apesar de todo o progres__so
FM7   D7
Conceitos e padrões atuais
G7
Sou do tipo que na verdade
C   Dm   Eb°   C7
Sofre por amor e ainda cho__ra de sauda__de

F   FM7   F6   FM7
Porque sou aquele aman__te à moda anti__ga
F   F7   BbM7
Do tipo que ain__da manda flo__res
Bb   Bbm   FM7   D7
Apesar do velho tê__nis e da calça desbota__da
G7   C7   F   FM7 F6 FM7
Ainda chamo de querida a namorada

Solo de trumpete: **F D7 Gm C7 Gm C7
C7 C7(#5) F FM7 F6 FM7**

F   FM7   F6   FM7
Eu sou aquele aman__te à moda anti__ga
F   F7   BbM7
Do tipo que ain__da manda flo__res
Bbm   FM7   D7
Apesar do velho tê__nis e da calça desbota__da
G7   C7   F   D7
Ainda chamo de querida a namorada

Gm   C7
Ainda chamo de querida
F   FM7 F6
A minha namorada
FM7   F   FM7 F6 FM7
A minha namorada
F   FM7 F6 FM7
A namorada
FM7   F   FM7 F6 FM7
A minha namorada

©Copyright 1983 by AMIGOS EDIÇÕES MUSICAIS LTDA.
©Copyright 1983 by ECRA REALIZAÇÕES ART. LTD.
Todos os direitos autorais reservados para todos os países. All rights reserved.

G7 C Dm
Sou do ti - po que na ver - da - de So - fre por a - mor e a - in - da cho -
E♭° C7 F FM7 F6 FM7
-ra de sau - da - de Por - que sou a - que - le a - man - te à mo - da an - ti - ga Do
(2ª vez) Sou
F F7 B♭M7 B♭M7 B♭m
-ti - po que a - in - da man - da flo - res A - pe - sar do ve - lho tê - nis e da
FM7 D7 G7 C7 F FM7
cal - ça des - bo - ta - da Ain - da cha - mo de que - ri - da a na - mo - ra - da
F6 FM7 F D7 Gm C7 Gm C7 C7 C7(♯5) F FM7 F6 FM7
Solo de trumpete
Eu
Ao 𝄋 e 𝄌
F D7 Gm7 C7 F FM7
-ra - da Ain - da cha - mo de que - ri - da A mi - nha na - mo - ra - da
F6 FM7 F FM7 F6 FM7
A mi - nha na - mo - ra - da A na - mo -
F FM7 F6 FM7 F FM7 F6 FM7
-ra - da A mi - nha na - mo - ra - da

Cheirosa

ROBERTO CARLOS e
ERASMO CARLOS

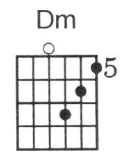

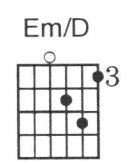

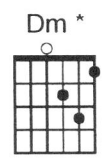

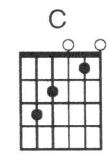

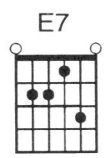

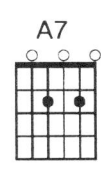

[Chord diagrams: Dm, Em/D, Dm*, C, F, E7, A7]

Introdução (4 vezes): **Dm Em/D Dm**
                           Dm Em/D Dm

Dm
Por que você tá tão cheirosa desse jeito

Parece que saiu do banho pra me ver

Você sabe que toda causa tem efeito
                                   C
E eu tenho milhões de coisas pra fazer

REFRÃO:
    Dm C
Cheirosa
      Dm Em/D Dm Em/D Dm
Cheiro___sa

Dm
Meu bem isso não se faz com quem trabalha

E já vai sair pra cumprir o seu dever

Esse perfume a cabeça me embaralha
                                       C
De terno e gravata o que é que eu vou fazer

Refrão

  C
Me beija me abraça
               F
Perfuma também minha roupa
          C
E fica no ar que eu respiro
          F
E então não dá outra
  C
Eu volto pra casa mais cedo
             F
E que coisa gostosa
     E7
Dos pés à cabeça você vive
        A7
Sempre cheirosa

Gm   **Dm**
Ai ai ai que coisa lou___ca
Gm   **Dm**
E de dar água na bo___ca
Gm   **Dm**
Seu perfume meu amor
  A7
Que coisa gostosa
                  A7
Que vem de você minha flor

  Dm
Cheirosa
        Dm Em/D Dm Dm/E Dm
Cheirosa
  Dm
Eu volto e te encontro

Cheirosa desse jeito

Parece que saiu do banho pra me ver

Me abraça me beija me aperta

E se encosta em meu peito
                               C
Agora eu não tenho nada pra fazer

Refrão

Acordeão: **C F C F C F E7 A7**

Ai, ai, ai *(etc.)*

Eu volto e te encontro cheirosa *(etc.)*

Refrão (3 vezes e fade out)

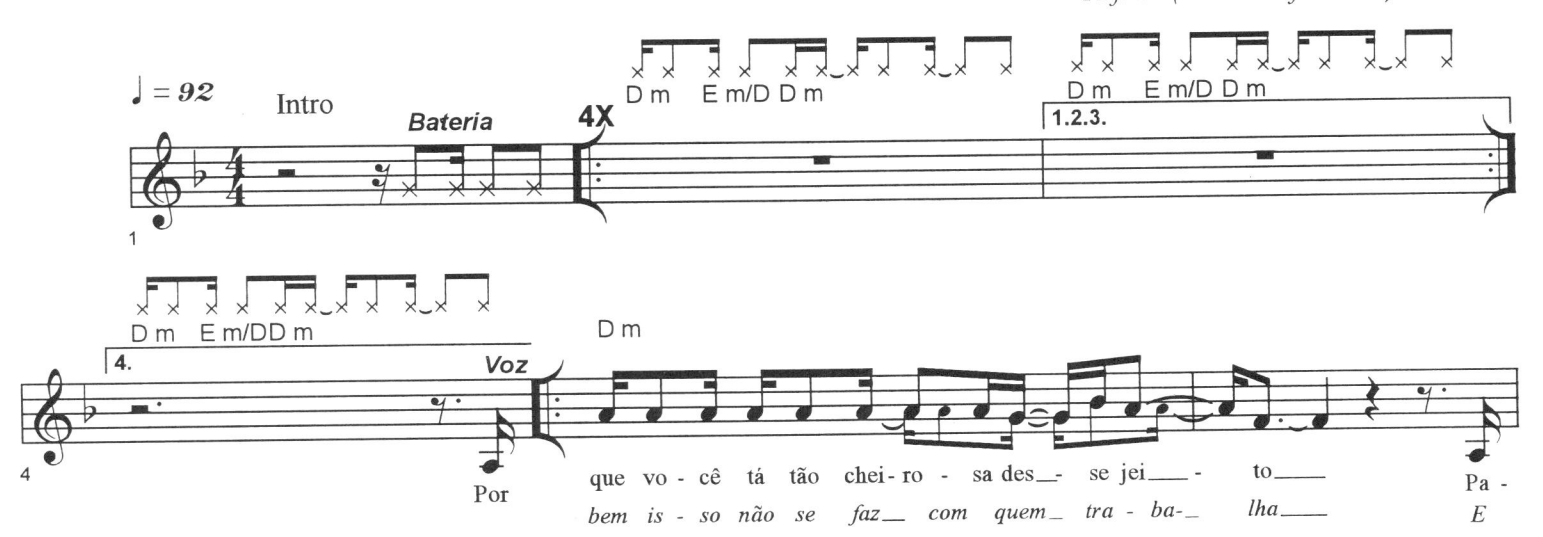

[Musical notation: ♩ = 92, Intro, Bateria, 4X, Dm Em/D Dm, 1.2.3., 4., Voz, "Por que você tá tão cheirosa desse jeito Pa—", "bem isso não se faz com quem trabalha E—"]

©Copyright 1996 by AMIGOS EDIÇÕES MUSICAIS LTDA.
©Copyright 1996 by ECRA REALIZAÇÕES ART. LTD.
Todos os direitos autorais reservados para todos os países. All rights reserved.

Dm
Dm
-re-ce que sa-iu do ba-nho pra me ver
já vai sa-ir pra cum-prir o seu de-ver
Vo-cê sa-be que to-da cau-sa tem e-fei-
Es-se per-fu-me a ca-be-ça me em-ba-ra-
Dm
Dm C
-to
-lha
E eu te-nho mi-lhões de coi-sas pra fa-zer
De ter-no e gra-va-ta o que é que eu vou fa-zer
Chei-
Dm C
Dm Em/D Dm
Dm Em/D Dm
Dm Em/D Dm
1.
2.
-ro-sa Chei-ro-sa
Meu
Me
C
F
C
bei-ja me a-bra-ça per-fu-ma tam-bém mi-nha rou-pa
E fi-ca no ar que eu res-pi-ro E en-tão não dá
F
C
F
ou-tra
Eu vol-to pra ca-sa mais ce-do e que coi-sa gos-to-sa
Dos
E7
A7
Gm
Dm
pés a ca-be-ça vo-cê vi-ve sem-pre chei-ro-sa
Ai ai ai que coi-sa lou-ca
Gm
Dm
Gm
Dm
É de dar á-gua na bo-ca
Seu per-fu-me meu a-mor
Que

E7 coi-sa gos-to-sa que vem de vo-cê mi-nha **A7** flor **Dm** Chei - ro - sa__ Chei - ro - sa__

Dm Em/D Dm   **Dm Em/D Dm**   **Dm**
Eu vol-to e te en-con-tro chei-ro-sa des__ se jei__

__ -to__ **Dm** Pa - re - ce que sa-iu do ba-nho pra__ me ver__ Me a-

Dm -bra-ça me bei-ja me a-per-ta e se en-cos-ta em meu pei - to__ **Dm** A-go-ra eu não te-nho na-da pra fa-zer__

Dm C   Dm C   Dm Em/D Dm
Chei - ro - sa__   Chei - ro - sa__

Dm Em/D Dm   *Acordeão* **3X C**   **F 1.2.**

F 3.   **E7**   **A7**   *Ao 𝄋 e ⊕*

Dm Em/D Dm   **Dm Em/D Dm**
-ro - sa__   Chei - ro - sa__   *Fade out* Chei-

Abandono

IVOR LANCELLOTI

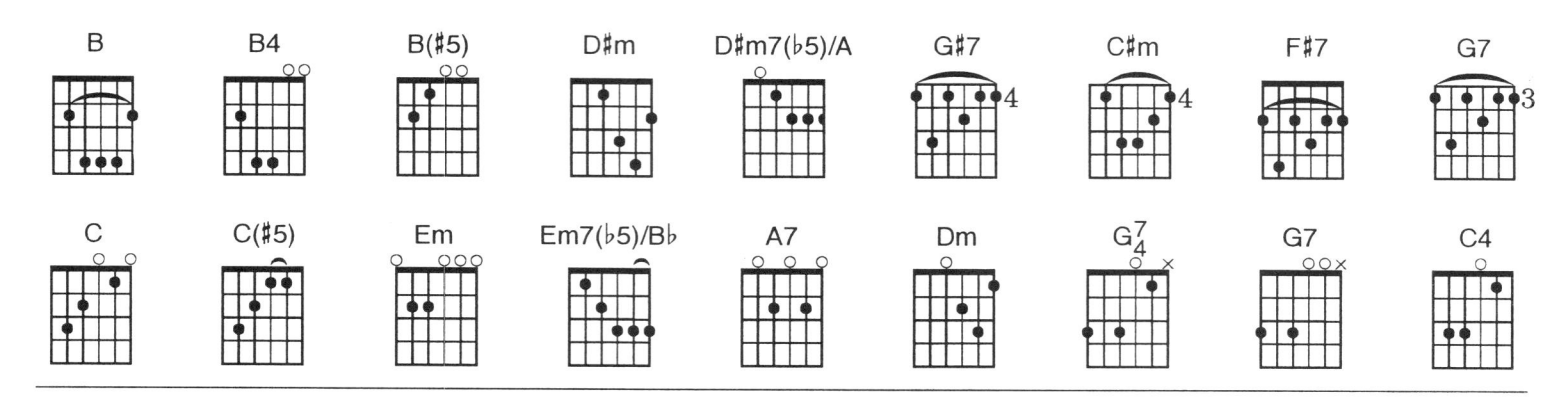

Introdução (duas vezes): **B   B4   B   B(#5)**

B   B(#5)   B
Se voltar não fa__ça espanto
         D#m   D#m7(b5)/A   G#7
Cuide apenas de   você
          C#m   F#7
Dê um jeito nes__sa casa
       B   B4 B B(#5)
Ela é nada sem   você

B   B(#5)
Regue as plantas na   varanda
     B   D#m   D#m7(b5)/A   G#7
Elas devem   lhe dizer
          C#m   F#7
Que eu morri   todos os anos
              B B(#5)   C#m F#7
Quando esperei você

B   B(#5)   B
Se voltar não me   censure
         D#m   D#m7(b5)/A   G#7
Eu não pude su__portar

                       C#m   F#7
Nada entendo de a__bandono
            B   B4 B B(#5)
Só de amor e de es__perar
B   B(#5)   B
Olhe bem pelas vidraças
            D#m   D#m7(b5)/A   G#7
Elas devem   lhe mostrar
            C#m   F#7
Os caminhos   do horizonte
                      B   G7
Onde eu fui lhe procurar

       C   C(#5)   C
Não repare   na desordem
            Em   Em7(b5)/Bb
Dessa casa   quando entrar
       A7   Dm   G7(4)
Ela diz   tudo que eu sinto
       G7   C   C4 C C(#5) C
De tanto   lhe esperar

©Copyright by MERCURY PROD. E EDIÇÕES MUSICAIS LTDA.
Todos os direitos autorais reservados para todos os países. All rights reserved.

Dê um jei-to nes-sa ca-sa
Na-da en-ten-do de a-ban-do-no
E-la é na-da sem vo-cê
Só de a-mor e de es-pe-rar

Re-gue as plan-tas na va-ran-da
O-lhe bem pe-las vi-dra-ças
E-las de-vem
E-las de-vem

lhe di-zer
lhe mos-trar
Que eu mor-ri to-dos os a-nos
Os ca-mi-nhos do ho-ri-zon-te

1. Quan-do es-pe-rei vo-cê
2. On-de eu fui lhe pro-cu-rar

Não re-pa-re na de-sor-dem
Des-sa ca-sa

quan-do en-trar
E-la diz tu-do que eu sin-to

De tan-to lhe es-pe-rar

Coisa bonita

(Gordinha)

ROBERTO CARLOS e
ERASMO CARLOS

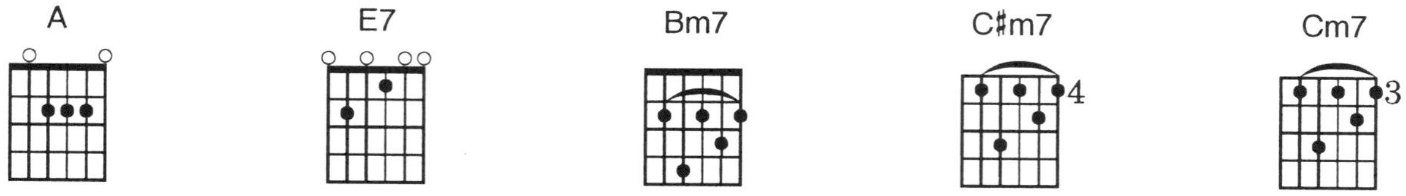

[Chord diagrams: A, E7, Bm7, C#m7, Cm7]

Introdução (4 vezes): **A Bm7 E7 A**

   A   Bm7   E7   A
Amo você assim   e não sei porque   tanto sacrifí__cio
           Bm7   E7   A
Ginástica die__ta não sei pra que   tanto exercí__cio
 A   Bm7   E7
Olha eu não me incomo__do um quilinho a mais
            A
Não é antiesté__tico
C#m7   Cm7   Bm7   E7
Pode até me beijar   pode me lamber
               A   A Bm7 E7 A Bm7 E7 A
Que eu sou dieté__tico

 A   Bm7   E7   A
Não acho que é preci__so comer de tu_do que tem na me_sa
 A   Bm7   E7   A
Mas passar fome não   contribui em na__da para a bele__za
 A   Bm7   E7   A
Já no passado os mes__tres da arte dian_te da formosu__ra
C#m7   Cm7   Bm7   E7
Não dispensavam o char__me de uma gordi__nha
            A   A Bm7 E7 A Bm7 E7 A
Em sua pintu__ra

 A   Bm7   E7   A
Gosto de me encostar   nesse seu deco_te quando te abra_ço
 A   Bm7   E7   A
De ter onde pegar   nessa maciez   enquanto te amas__so
 A   Bm7   E7   A
Eu não sou massagis__ta e não enten__do nada de esté_tica
C#m7   Cm7   Bm7   E7
Mas a nossa ginás__tica é mais gosto__sa
             A   A Bm7 E7 A Bm7 E7 A
E menos atlé__tica

           Bm7 E7   A
Coisa bonita   coisa gostosa
                  Bm7   E7   A
Quem foi que disse que tem que ser magra pra ser formosa
           Bm7 E7   A
Coisa bonita   coisa gostosa
         Bm7   E7   A
Você é linda é do jeito que eu gosto é maravilhosa

Solo de piano (4 vezes): **A Bm7 E7 A**

Gosto de me encostar nesse seu decote quando te abraço *(etc.)*

Coisa bonita coisa gostosa *(etc.)*   *(fade out)*

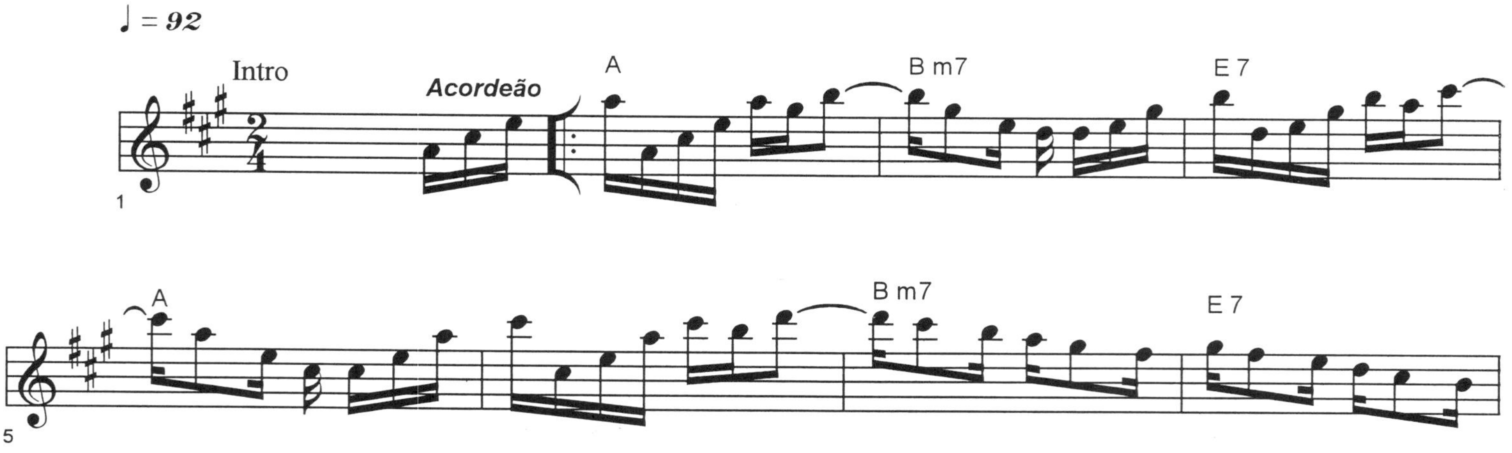

♩ = 92

[Sheet music: Intro, Acordeão, chords A, Bm7, E7, A, Bm7, E7]

©Copyright 1993 by AMIGOS EDIÇÕES MUSICAIS LTDA.
©Copyright 1993 by ECRA REALIZAÇÕES ART. LTD.
Todos os direitos autorais reservados para todos os países. All rights reserved.

A - mo vo - cê as - sim___ e não sei por - que___
Não a - cho que_é pre - ci___ - so co - mer de tu___
Gos - to de me_en - cos - tar___ nes - se seu de - co-

___ tan - to sa - cri - fí___ - cio Gi - nás - ti - ca di_e___ - ta não sei pra que___
___ -do que tem na me___ - sa Mas pas - sar fo - me não___ con - tri - bui em na-
___ -te quan - do te_a - bra___ - ço De ter on - de pe - gar___ nes - sa ma - ci - ez___

___ tan - to e - xer - cí___ - cio O - lha_eu não me_in - co - mo___ -do_um qui - li - nho_a mais___
___ -da pa - ra_a be - le___ - za Já no pas - sa - do_os mes___ - tres da ar - te di - an-
___ en - quan - to te_a - mas___ so Eu não sou mas - sa - gis___ - ta e não en - ten-

___ não é an - ti - es - té___ - ti - co Po - de_a - té me bei - jar___ po - de me lam - ber___
___ -te da for - mo - su___ - ra Não dis - pen - sa - vam_o char___ - me de_u - ma gor - di-
___ -do na - da de_es - té___ - ti - ca Mas a nos - sa gi - nás___ - ti - ca_é mais gos - to-

___ Que_eu sou di - e - té___ - ti - co
___ -nha_em su - a pin - tu___ - ra
___ -sa_e me - nos a - tlé___ - ti - ca

Lyrics (from the score):

- Coi - sa bo - ni - ta___ coi - sa gos - to - ___-sa___
- Quem foi que dis - se que tem que ser ma - gra pra ser for - mo - ___-sa___
- Coi - sa bo - ni - ta___ coi - sa gos - to - ___-sa___
- Vo - cê é lin - da, é do jei - to que eu gos - to, é ma - ra - vi - lho - ___-sa___

Fade out   Fim

Solo de piano

Acordeão

Ao 𝄋 (casa 4 e 5) e Fim

Pega ladrão

GETÚLIO CORTÊS

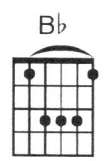

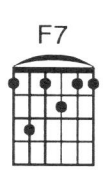

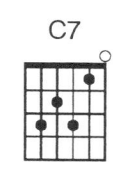

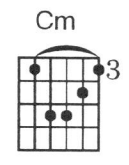

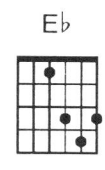

Introdução: B♭

B♭
Tchap tchura tchap tchura

B♭
Estava com um broto no portão (tchap tchura)

Quando um grito ouvi pega ladrão (tchap tchura)
  F7
Alerta então fiquei
  B♭   G7
Porém ninguém vi
    C7   F7
E o tal larápio eu esperei passar por ali
  B♭
Meu bem apavorada em casa entrou (tchap tchura)

E nem na despedida me beijou (tchap tchura)
  F7   B♭   G7
Ouviu-se então na rua tremendo alari__do
  Cm   F7   B♭
Pois logo alguém pegou o tal bandido
  F7   B♭   Gm
Que foi que ele roubou que foi que ele fez
  Cm   F7   B♭   Gm
Os brotos responderam todos de uma só vez
  Cm   F7   B♭   Gm
Roubou um coração e tem que devolver
  C7   F7
Senão um sol quadrado ele vai ver nascer

B♭
Não vou nessa estória acreditar (tchap tchura)

Não pode um coração alguém roubar (tchap tchura)
  F7   B♭   G7
Enquanto eu falava o homem sumiu
  C7   F7
Descendo pela rua ele escapuliu

B♭
De repente então tudo mudou (tchap tchura)

E a turma toda contra mim virou (tchap tchura)
  F7   B♭   G7
Correndo descobri que o tal coração
  Cm   F7   B♭
Era uma jóia pendurada num cordão

Instrumental: B♭ E♭ B♭ F7 E♭ B♭

Que foi que ele roubou *(etc.)*

Pega ladrão

GETÚLIO CORTÊS

♩ = 152

Intro Bb | **Coro** Bb | | **Voz**
Tchap tchu-ra | tchap tchu-ra Es-

Bb
-ta-va com um bro-to no por- tão (tchap tchu-ra) Quan-do um gri-to ou-vi pe-ga la-
Não vou nes-sa es-tó-ria a-cre-di- tar Não po-de um co-ra-ção al-guém rou-

F7 | Bb G7
-drão (tchap tchu-ra) A-ler-ta en-tão fi-quei Po-rém nin-guém vi E o
-bar En-quan-to eu fa-la-va o ho-mem su-miu Des-

C7 | F7 | Bb
-tal la-rá-pio eu es-pe-rei pas-sar por a-li Meu bem a-pa-vo-ra-da em ca-sa en-
-cen-do pe-la ru-a e-le es-ca-pu-liu De re-pen-te en-tão tu-do mu-

F7
-trou (tchap tchu-ra) E nem na des-pe-di-da me bei-jou (tchap tchu-ra) Ou-viu-se en-tão na ru-a tre-
-dou E a tur-ma to-da con-tra mim vi-rou Cor-ren-do des-co-bri Que o

Bb | G7 | Cm | F7 | Bb
-men-do a la-ri-do Pois lo-go al-guém pe-gou o tal ban-di-do Que

F | Bb Gm | Cm F7 | Bb Gm
foi que e-le rou-bou que foi que e-le fez Os bro-tos res-pon-de-ram to-dos de u-ma só vez Rou-

©Copyright by EDITORA IMPORTADORA MUSICAL FERMATA DO BRASIL LTDA.
Todos os direitos autorais reservados para todos os países. All rights reserved.

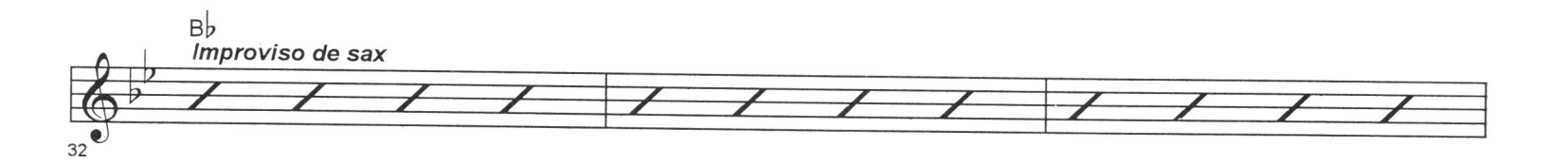

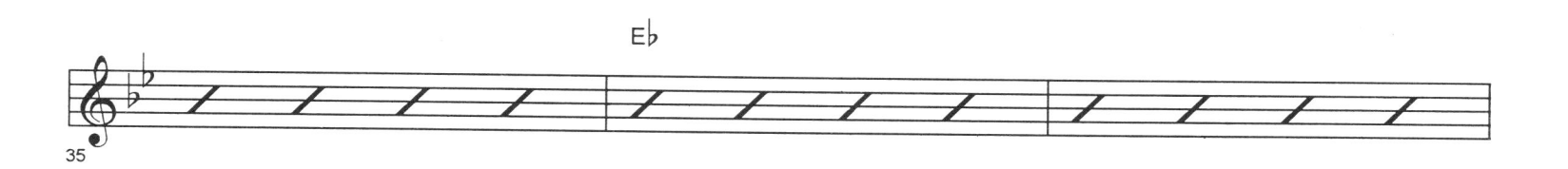

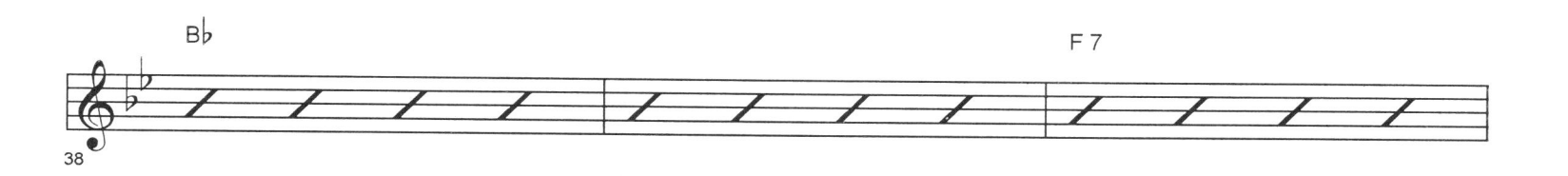

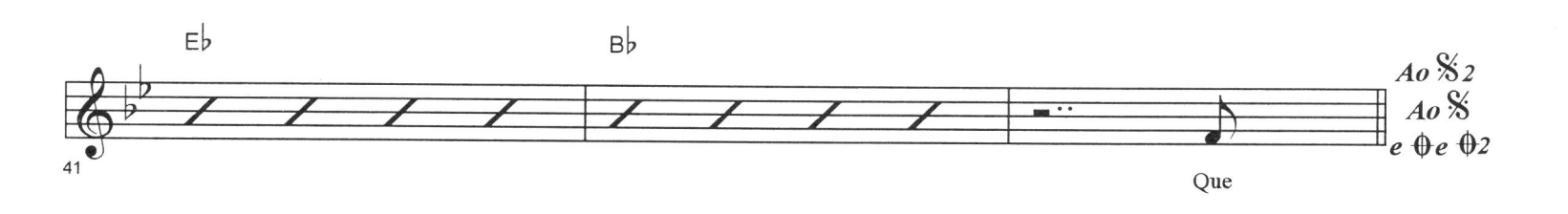

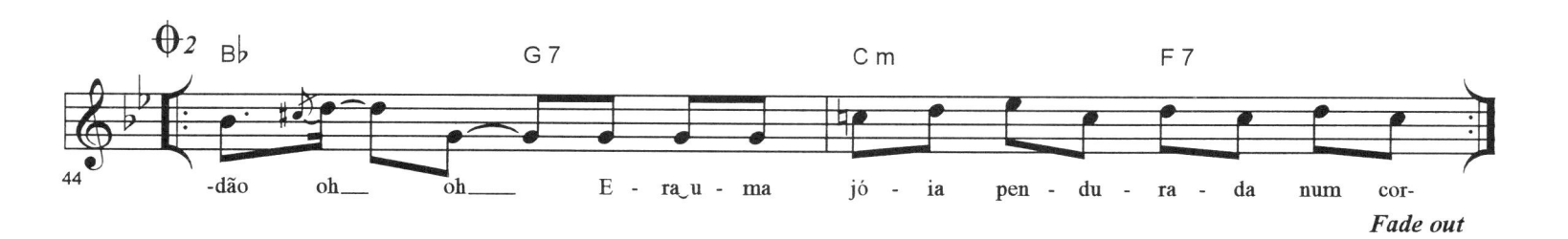

-bou um co-ra-ção e tem que de-vol-ver Se - não um sol qua-dra-do e-le vai ver nas-cer___

tal co-ra-ção___ E - ra u - ma jó - ia pen-du-ra-da num cor - dão

Improviso de sax

Que

-dão oh___ oh___ E - ra u - ma jó - ia pen-du-ra-da num cor-

Fade out

Mexerico da Candinha

ROBERTO CARLOS e
ERASMO CARLOS

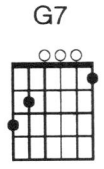

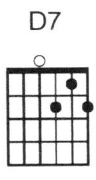

C7   F7   G7   D7

Introdução: **C7**

FALANDO:
Olha o que a Candinha está falando aqui

Puxa! Mas como fala!

C7
A Candinha vive a falar de mim em tudo

Diz que eu sou louco esquisito e cabeludo
   F7
E que eu não ligo para nada que eu dirijo em disparada
C7
Acho que a Candinha gosta mesmo de falar
  G7   **F7**
Ela diz que eu sou maluco e que o hospício é meu lugar
C7   **G7**   **C7**
Mas a Candinha quer falar

C7
A Candinha quer fazer da minha vida um inferno

Já está falando do modelo do meu terno
  F7
E que a minha calça é justa que de ver ela se assusta
C7
E também a bota que ela acha extravagante
  G7   **F7**
Ela diz que eu falo gíria e que é preciso manerar
C7   **G7**   **C7**
Mas a Candinha quer falar

 F7   **C7**
A Candinha gosta de falar de toda gente
  F7   **C7**
Mas as garotas gostam de me ver bem diferente
F7   **C7**
A Candinha fala mas no fundo me quer bem
  D7   **G7**
E eu não vou ligar pra mexerico de ninguém

            C7
Mas a Candinha agora já está falando até demais

Porém ela no fundo sabe que eu sou bom rapaz
 F7
E sabe bem que essa onda é uma coisa natural
 C7
E eu digo que viver assim é que é legal
  G7   **F7**
Sei que um dia a Candinha vai comigo concordar
C7   **G7**   **C7**
Mas sei que ainda vai falar
C7   **G7**   **C7**
Mas sei que ainda vai falar

Instrumental: **C7 F7 C7 G7 F7 C7**

A Candinha gosta de falar de toda gente *(etc.)*

♩ = 112

Intro C7

Voz C7

A Can-di-nha vi-ve a fa-lar de mim em tu-do Diz que eu sou lou-co es-qui-
A Can-di-nha quer fa-zer da mi-nha vi-da um in-fer-no Já es-tá fa-lan-do do mo-
-di-nha a-go-ra já es-tá fa-lan-do a-té de-mais Po-rém no fun-do e-la sa-be

F7

-si-to e ca-be-lu-do E que eu não li-go pa-ra na-da que eu di-ri-jo em dis-pa-ra-da
-de-lo do meu ter-no E que a mi-nha cal-ça é jus-ta que de ver e-la se as-sus-ta
que eu sou bom ra-paz E sa-be bem que es-sa on-da é u-ma coi-sa na-tu-ral

C7   G7

A-cho que a Can-di-nha gos-ta mes-mo de fa-lar___ E-la diz que eu sou ma-lu-co e que o hos-
E tam-bém a bo-ta que e-la a-cha ex-tra-va-gan-te E-la diz que eu fa-lo gí-ria e que é pre-
E eu di-go que vi-ver as-sim é que é le-gal___ Sei que um di-a a Can-di-nha vai co-

F7   C7   G7   𝄐 C7   ％

-pí-cio é meu lu-gar Mas a Can-di-nha quer fa-lar___
-ci-so ma-ne-rar Mas a Can-di-nha quer fa-lar___
-mi-go con-cor-dar Mas sei que a-in-da vai fa-lar___

𝄋 2 F7   C7   F7

A Can-di-nha gos-ta de fa-lar de to-da gen-te Mas as ga-ro-tas gos-tam de me

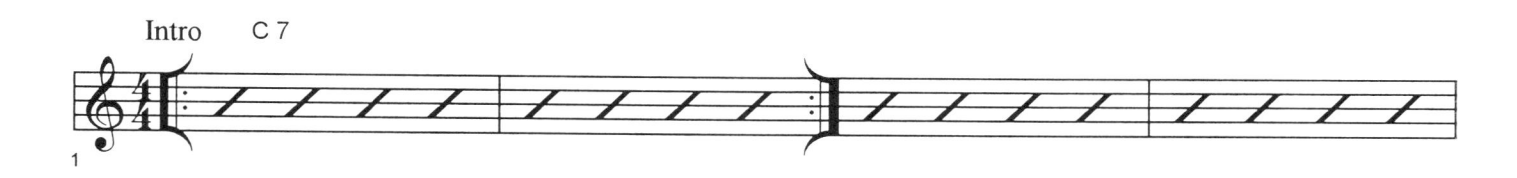

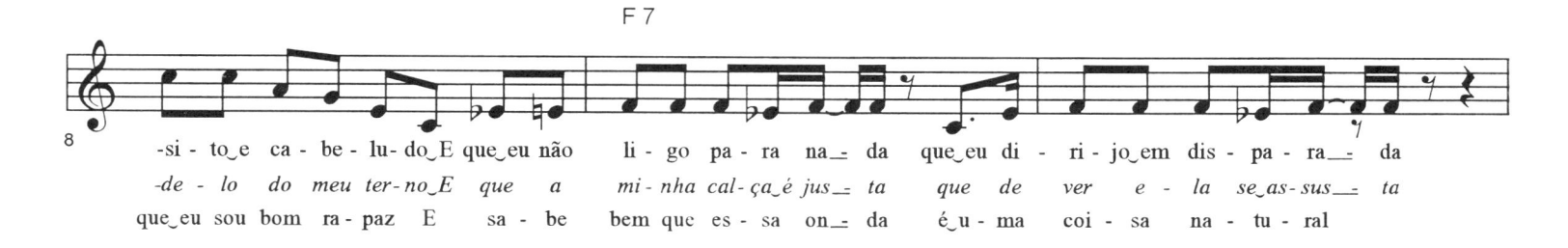

©Copyright 1965 by IRMÃOS VITALE S.A. Ind. e Com. - São Paulo - Brasil.
Todos os direitos autorais reservados para todos os países. All rights reserved.

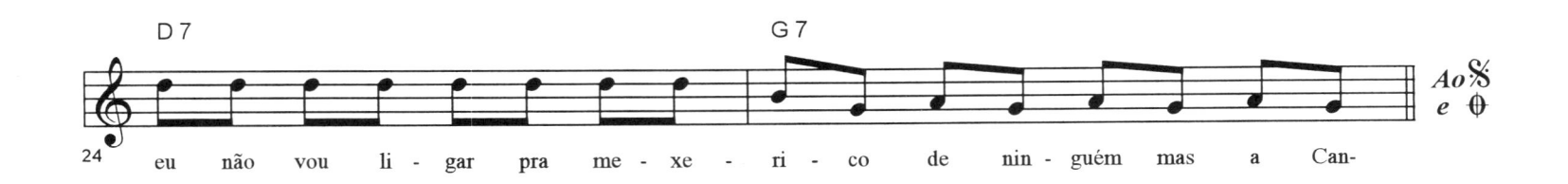

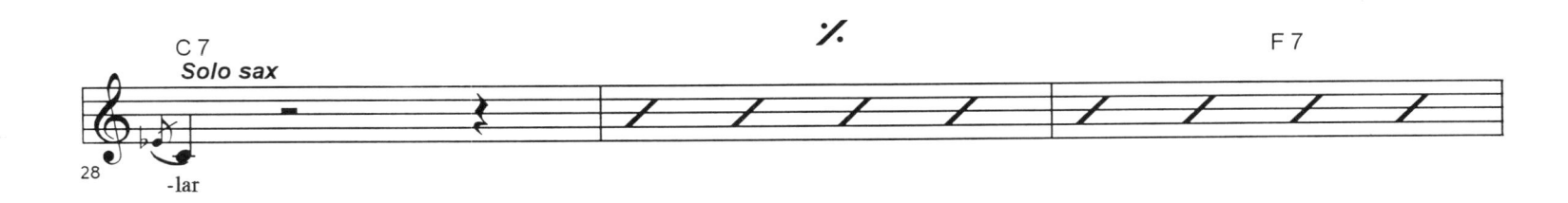

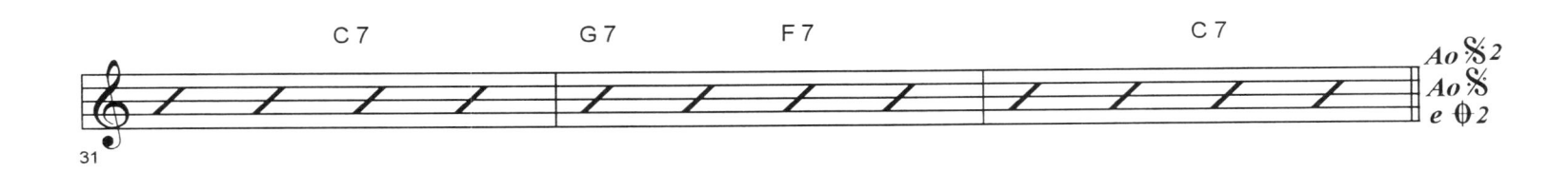

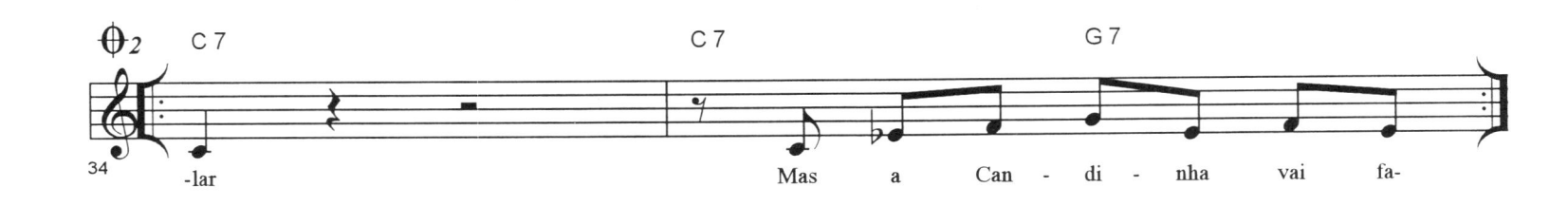

ver bem di-fe-ren-te A Can-di-nha fa-la mas no fun-do me quer bem___ E eu não vou li-gar pra me-xe-ri-co de nin-guém mas a Can- -lar Mas sei que a-in-da vai fa- -lar -lar Mas a Can-di-nha vai fa-

Escreva uma carta meu amor

PILOMBÊTA e
TITO SILVA

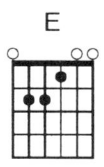

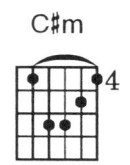

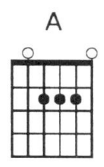

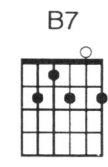

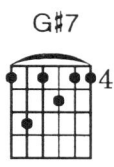

Introdução: **E C#m A B7 E C#m A B7**

    E   **G#7**
Meu amor está tão longe de mim
            C#m   **B7**
Meu bem não seja tão ruim
  E   **A**
Escreva uma carta meu amor
  B7   **E**
E diga alguma coisa por favor
           G#7
Diga que você não me esqueceu
         C#m   **B7**
E que o seu coração ainda é meu
  E   **A**
Escreva uma carta meu amor
  B7   **E**
E diga alguma coisa por favor
       B7
O beijo que você me deu
             E
Eu guardo até hoje o calor

                   A
Escreva uma carta meu amor
B7   **E**
E mande outro beijo por favor
  A
Escreva uma carta meu amor
B7   **E**
E mande outro beijo por favor

Instrumental (duas vezes): **E G#7 C#m B7**
                             E A B7 E

O beijo que você me deu *(etc.)*

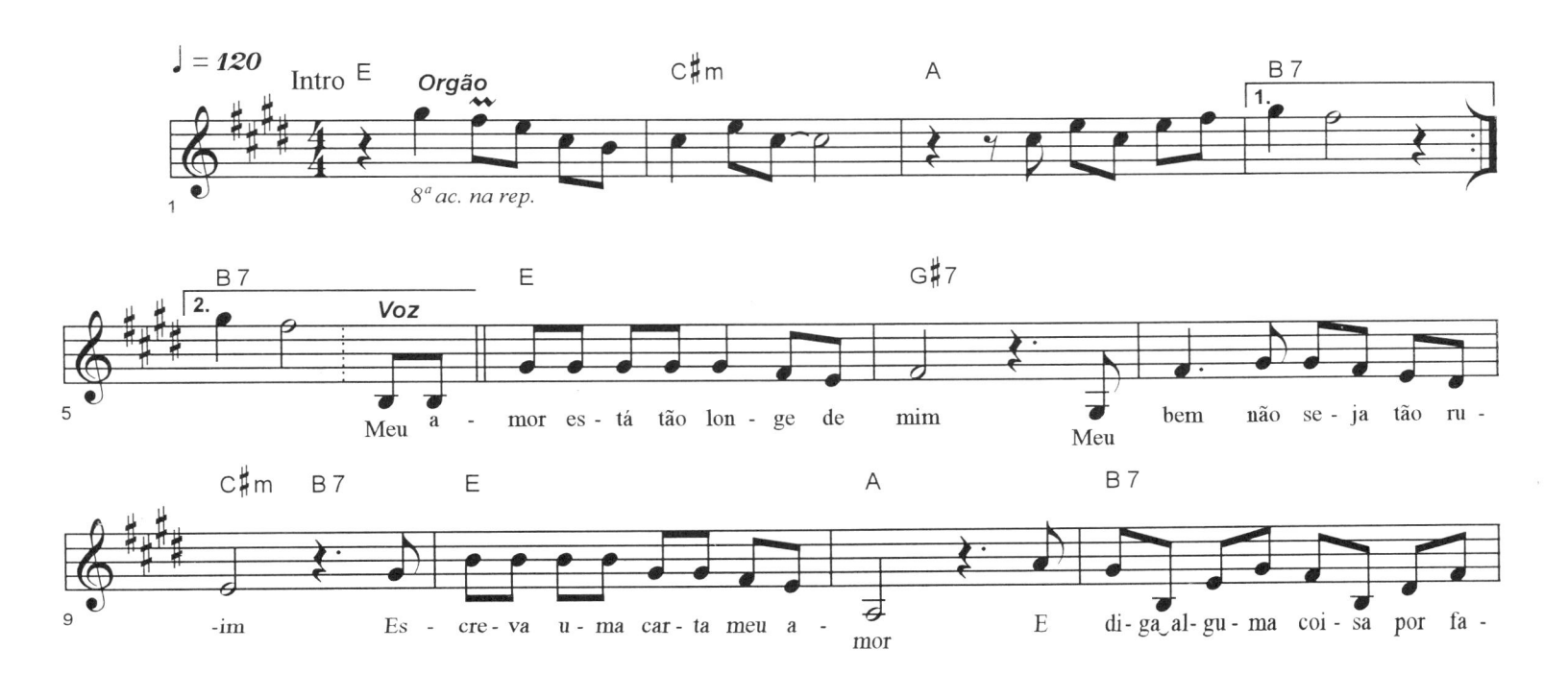

E G♯7
13
-vor Di - ga que vo - cê não me‿es - que - ceu E que‿o seu co - ra - ção a - in - da‿é
C♯m B7 E A B7
17
meu Es - cre - va u - ma car - ta meu a - mor E di - ga‿al - gu - ma coi - sa por fa -
E 𝄋 E B7
21
vor O bei - jo que vo - cê me deu Eu guar - do a - té ho - je o ca -
E E A B7
25
-lor Es - cre - va u - ma car - ta meu a - mor E man - de ou - tro bei - jo por fa
E E E G♯7
1. 2.
Guitarra e sax
29
-vor Es- -vor
Fade out
C♯m B7 E A
33
B7 E
37
(só na 2ª vez)
Voz
O
Ao 𝄋 e Fade out